본질적인
오스트리아학파 경제학

도서출판 **리버티**에서 낸 역서

≪경제 모형과 방법론≫
≪공공선택론 입문≫
≪미국의 외교 문제: 간결한 역사≫
≪루트비히 폰 미제스 입문≫
≪시장은 어떻게 작동하는가: 불균형, 기업가 정신 그리고 발견≫
≪자유주의와 연고주의: 대항하는 두 정치 경제 체제≫
≪오스트리아학파 경제학 입문≫
≪대도시 지역의 공공경제: 공공선택 접근법≫
≪자유 사회의 기초≫
≪초보자를 위한 자유의 길잡이≫
≪고전적 자유주의 입문≫
≪축약된 국부론≫
≪자유 101≫
≪공공 정책과 삶의 질: 시장 유인 대 정부 계획≫
≪번영의 생산: 시장 과정의 작동의 탐구≫
≪애덤 스미스 입문≫
≪공공선택론 고급 개론≫
≪아인 랜드 개론≫
≪시장의 재도입: 시장 자유주의의 정치적 부활≫
≪자본주의 개론≫
≪정치적 자본주의: 경제 및 정치 권력이 어떻게 형성되고 유지되는가≫
≪학파: 101인의 위대한 자유주의 사상가≫

본질적인
오스트리아학파 경제학

크리스토퍼 J. 코인 · 피터 J. 뵛키 지음

황수연 옮김

The Essential

Austrian Economics

by Christopher J. Coyne and Peter J. Boettke

도서출판 리버티

본질적인 오스트리아학파 경제학

지은이 크리스토퍼 J. 코인 · 피터 J. 뵛키
옮긴이 황수연
펴낸이 구자춘

초판 1쇄 펴낸날 2021년 2월 28일

도서출판 리버티
48075 부산 해운대구 양운로 182, 103-404
전화 (051) 701-0122 / 팩스 (051) 918-0177
출판등록 2013년 1월 10일 제333-2013-000001호
전자우편 jachoon2@hanmail.net

Liberty Publishing House
182 Yangwoon-ro, 103-404, Haeundae-gu, Busan 48075, Republic of Korea
Phone 82 51 701 0122
email jachoon2@hanmail.net

© 도서출판 리버티 2021

The Essential Austrian Economics by Christopher J. Coyne and Peter J. Boettke

Copyright © The Fraser Institute 2020. All rights reserved. No part of this book may be reproduced in any manner whatsoever without written permission from the Fraser Institute, except in the case of brief quotations embodied in critical articles and reviews.

The authors of this book have worked independently and opinions expressed by them are, therefore, their own, and do not necessarily reflect the opinions of the supporters, directors, or employees of the Fraser Institute. This publication in no way implies that the Fraser Institute, its directors, or staff are in favor of, or oppose the passage of, any bill; or that they support or oppose any particular political party or candidate.

Korean translation edition © 2021 by Liberty Publishing House
Translated by Sooyoun Hwang
The translation of this Korean edition has been undertaken with the permission of the Fraser Institute.

이 책의 한국어 판권은 저작권자인 The Fraser Institute와 계약한 도서출판 리버티에 있습니다. 저작권법에 의해 한국 내에서 보호를 받는 저작물이므로 어떠한 형태로든 무단 전재와 무단 복제를 금합니다.

ISBN 978-89-98766-22-1 (93300)

차례

1 오스트리아학파 경제학의 역사와 한계적 사고 ·············· 9

2 방법론적 원칙들 ············ 17

3 경제 계산 ············ 25

4 자본 그리고 생산 구조 ············ 35

5 시장 과정 ············ 43

6 자생적 질서 ············ 53

7 개입주의 ············ 63

8 경기 순환 ············ 71

9 계획 그리고 권력 문제 ············ 81

10 과거와 현재의 오스트리아학파 경제학 ·············· 89

- 추가적인 독서의 제안 ·············· 93
- 지은이들에 관해 ·············· 99
- 감사의 말씀 ·············· 102
- 출판 정보 ·············· 103
- 프레이저 연구소를 후원하기 ·············· 105
- 목적, 자금 조달, 그리고 독립 ·············· 106
- 프레이저 연구소에 관해 ·············· 107
- 편집 자문 위원회 ·············· 109

- 옮긴이 후기 ·············· 111
- 옮긴이에 관해 ·············· 115

헌사

우리에게 오스트리아학파 견해들을 소개해 주신 우리의 선생님들께

1 오스트리아학파 경제학의 역사와 한계적 사고

. . . 자기의 욕구들과 그것들을 충족시킬 수단들에 대한 자기의 지배력을 가지고 있는 사람은 그 자신이 인간 경제생활이 시작될 뿐만 아니라 끝나기도 하는 지점이다.

—카를 멩거 (1871/1981), ≪경제학 원리≫: 108.

오스트리아학파 경제학의 기원은 1871년 카를 멩거(Carl Menger)의 ≪경제학 원리(Principles of Economics)≫의 출간이다. 오스트리아에 근거지를 둔 멩거는, 영국의 윌리엄 스탠리 제번스(William Stanley Jevons)와 스위스의 레옹 발라(Léon Walras)와 함께, 경제학에서 일어난 "한계혁명(marginal revolution)"의 공동 창시자로 간주된다. 한계혁명은 기성의 노동 가치론으로부터 한계 효용 가치론으로의 패러다임 이동이었다. 노동 가치론은 상품의 가치가 그 품목을 생산하는 데 필요한 노동의 함수라고 주장했다. 대조적으로, 한계 효용론자들은 가치가, 쓰이는 노동의 양에 근거하는 것이 아니라, 오히려 사람들이 자기들의 목적을 충족시키는 데 그 상품이 얼마나 유용하다고 인식하느냐를 반영한다고 주장했다.

이 혁명은 경제학자들이 세상을 이해하는 방식에 대해 급진적인 함의들이 있었다. 컴퓨터는 생산하는 데 일정 수의 시간이 들었기 때문에 높은 가격에 팔리는 것이 아니다. 대신, 그것의 높은 가격을 결정하는 것은 소비자들이 그 컴퓨터를, 그것이 그들의 목적들을 달성하는 데 유용하여, 소중히 여긴다는 점이다. 최종 컴퓨터의 소비자 평가는, 그다음에는, 그것을 생산하는 데 사용되는 투입물들—노동과 자원들—의 수요를 움직인다. 노력의 양이 아니라 소비자 평가가 가격을 결정한다. 그러나 무엇이 소비자 평가를 결정하는가?

이것은 오랫동안 사회 과학자들을 당혹하게 했던 질문이다. 그것은 물-다이아몬드 역설(water-diamond paradox)로 알려진 것에 의해 포착된다. 이 역설의 핵심에는 다음의 질문이 있다. 소비자들은 왜 사치 품목인 다이아몬드를 삶에 필수적인 물보다 더 소중히 여기는가? 한계 효용의 개념을 도입함으로써, 멩거와 그의 공동 혁명가들은 이 역설을 해결할 수 있었다.

대부분 맥락에서, 사람들은 양자택일 결정을 하지 않는다. 즉, 사람들은 전형적으로 단지 물만 가지고 그밖에 아무것도 가지지 않거나 단지 다이아몬드만 가지는 것 사이를 선택하지 않는다. 대신, 그들은 다양한 양의 물과 다이아몬드 사이에서 선택하는 일에 종사한다. 선택을 양자택일로 취급하는 대신에, 선택을 모양 짓는 적합한 방식은 개인이 추가적인 한 단위 물을 소비할지 추가적인 한 개의 다이아몬드를 소비할지 선택하는 한계적 결정으로서다.

당신이 물을 어떻게 사용하는지 생각해 보자. 확실히, 당신은 당신의 갈증을 해소하기 위해—인간 삶에 필수적인—약간의 물을 소비한다. 그러나 물은 아주 풍부하여 우리는 또한 목욕하고, 우리의 잔디에 물을 주며, 우리의 자동차를 세차하는 데도 그것을 사용한다. 물이 많음은 추가적인(즉, 한계적인) 사용 가치가 낮다는 것을 의미하는데,

이것은 우리가 한계 단위의 물에 기꺼이 지급하는 가격에 반영된다. 만약 물이, 아마도 가뭄의 결과로, 갑자기 훨씬 더 부족해지면, 우리는 우리의 갈증을 해소하기 위한 수단으로서 우리의 개인적인 물 소비를 줄이기 전에 가장 낮게 평가되는 한계치에서 우리의 사용—아마도 우리의 잔디에 물을 주거나 우리의 자동차를 세차하는 것—을 줄일 것이다. 이렇게 더 부족해지는 것은 더 높은 물 가격에 반영될 것이고, 그다음에, 이것으로 인해 사람들은 가장 낮게 평가되는 것의 사용을 추구하기를 억제할 것이다.

이제 다이아몬드들을 고찰해 보자. 다이아몬드들은 희소한 경향이 있고, 그것들의 주요 용도는 장식용이다. 그 자체로, 대부분 사람이 한계적인 다이아몬드에 대해 기꺼이 지급하는 가격은 높다. 만약 다이아몬드들이 흙만큼 많다면 어떤 일이 일어날지 생각해 보자. 다이아몬드들의 사용 가치는 낮을 것이고 한계적 다이아몬드의 가격도 마찬가지일 것이다. 물-다이아몬드 역설을 해결할 그것의 능력으로 예증 되듯이, 한계 효용은 사회적 행동을 이해하는 새 접근법의 기초가 되었다.

그러나 노동 가치론은 멩거가 자기의 ≪원리≫에서 비판한 유일한 대상이 아니었다. 그는 또한 독일 역사학파(German Historical School)와도 교전하고 있었는데, 후자는 독일어권 세계 전체에 걸쳐 경제 사고의 지배적인 원천이었다. 독일 역사학파는 경제학이 시간과 지리적 공간에 걸쳐 적용되는 보편적인 원리들을 산출할 수 없다고 주장했다. 이것 때문에, 그들은 경제학자들이 할 수 있는 최선이란, 연구되는 맥락에 특유한 몇몇 특정 패턴들을 식별하리라는 희망으로, 특정 상황들의 역사적 연구에 종사하는 것이라고 주장했다.

이 견해와 대조적으로, 멩거는 보편적인 경제 법칙들이 맥락들 전체에 걸쳐 적용된다고 주장했고, 그는 한계 효용 분석을 기초로서 사용하여 그렇게 했다. 독일 역사학파의 사람들은 보편적인 이론의 가능성에 관해 멩거와 그의 동료들—오이겐 뵘바베르크(Eugen Böhm-Bawerk)와 프리드리히 비저(Friedrich Wieser)—의 주장들에 이의를 제기했고, 빈 대학교(University of Vienna)에서의 그들의 대학교수직 때문에 그들을 "오스트리아학파(Austrian School)"로 불렀다. 그 호칭은 떨어지지 않았다.

오스트리아학파 학자들의 후속 세대들은 멩거, 뵘바베르크, 그리고 비저의 저작들을 기반으로 하였다. 제1차 세계 대전 후, 루트비히 폰 미제스(Ludwig von Mises)와 F. A. 하이에크(F. A. Hayek)는 오스트리아학파의 지적 지도력을 떠맡았다. 미제스[≪사회주의: 경제 및 사회학적 분석(Socialism: An Economic and Sociological Analysis)≫, 1922]와 하이에크[≪개인주의와 경제 질서(Individualism and Economic Order)≫, 1948]는 부를 산출할 경제 활동을 조직할 최상의 수단에 대해 사회주의 사상가들과 중요한 논쟁에 종사했다. 하이에크는 또한 거시경제적 쟁점들에 대해 그리고 현저한 정부 관여가 없을 때 자본주의 체제의 생존 가능성에 대해 존 메이너드 케인스와 학문적 논쟁에도 종사했다.

이 두 삽화적 사건을 넘어서, 양 사상가는 많은 중요한 공헌을 했다. 미제스는 화폐 및 경기 순환 이론[≪화폐와 신용의 이론(The Theory of Money and Credit)≫, 1912], 경제학적 방법론[≪경제학의 인식론적 문제들(Epistemological Problems of Economics)≫, 1933; ≪이론과 역사(Theory and History)≫, 1957; ≪경제 과학의 궁극적 기초

(The Ultimate Foundations of Economic Science)≫, 1962], 정부 관료제의 경제학[≪관료제(Bureaucracy)≫, 1944], 그리고 정부 개입주의[≪개입주의의 비판(A Critique of Interventionism)≫, 1929; ≪전능한 정부(Omnipotent Government)≫, 1944][의 연구]에 이바지했다. 그의 대작, ≪인간 행동(Human Action)≫ (1949)은 이 연구의 많은 부분을 경제 분석에 관한 포괄적 논저에 체계적으로 통합했다.

하이에크는 화폐 이론, 자본 이론, 및 경기 순환 이론[≪가격과 생산(Prices and Production)≫, 1931; ≪화폐 이론과 경기 순환(Monetary Theory and Trade Cycle)≫, 1933; ≪순수 자본 이론(The Pure Theory of Capital)≫, 1941], 정치와 정치 이론[≪노예의 길(The Road to Serfdom)≫, 1944; ≪자유의 헌법(The Constitution of Liberty)≫, 1960], 그리고 법 이론[≪법, 입법 그리고 자유(Law, Legislation and Liberty)≫, 세 권, 1973-1979]에 이바지했다. 하이에크는 화폐 경제학과 경기 순환에 관한 그의 연구에 대해 노벨상[알프레드 노벨 기념 스웨덴 중앙은행 경제학상(The Sveriges Riksbank Prize in Economic Sciences in Memory of Alfred Nobel)]을 받았다.

1930년 이래로, 어떤 오스트리아의 대학교 출신 경제학자도 오스트리아학파 경제학의 지도적인 인물이 되지 못했다. 1974년 노벨상이 하이에크에게 수여된 이후로, 오스트리아학파 사상에의 관심 부활이 있었다. 이런 부활에서 주요 인물들은 이즈리얼 커즈너(Israel Kirzner), 머리 로스버드(Murray Rothbard), 그리고 루트비히 라흐만(Ludwig Lachmann)이었다. 이 학자들은 처음 멩거에 의해 발표된 사상을 계속해서 전개했다.

커즈너는 자본 이론[≪자본에 관한 소론(An Essay on Capital)≫,

1966]과 시장 과정과 기업가 정신에 관한 이론[≪시장 이론과 가격 체제(Market Theory and the Price System)≫, 1963; ≪경쟁과 기업가 정신(Competition and Entrepreneurship)≫, 1973; ≪기업가 정신 이론에서의 지각, 기회 그리고 이윤 연구(Perception, Opportunity and Profit Studies in the Theory of Entrepreneurship)≫, 1985; ≪시장 과정의 의미: 현대 오스트리아학파 경제학 전개에서의 소론들(The Meaning of Market Process: Essays in the Development of Modern Austrian Economics)≫, 1992]에 중요한 공헌을 했다.

로스버드는 시장 구조 이론, 공공재 이론, 화폐 이론, 후생 경제학, 시장에 대한 정부 개입의 역학[≪인간, 경제, 그리고 국가(Man, Economy, and State)≫, 1962; ≪권력과 시장: 정부와 경제(Power and Market: Government and the Economy)≫, 1970; ≪행동의 논리(The Logic of Action)≫, 1997]에 이바지했다. 그는 또한 오스트리아학파 경기 순환 이론을 적용하는 학문[≪1819년의 공황: 반응과 정책(The Panic of 1819: Reactions and Policies)≫, 1962; ≪미국의 대공황(America's Great Depression)≫, 1973]에도 종사했다.

라흐만은 주관적인 예상과 이질적인 자본 본질의 인식을 편입함으로써 오스트리아학파 자본 이론을 전개했다[≪자본과 그것의 구조(Capital and Its Structure)≫, 1956; ≪자본, 예상 그리고 시장 과정(Capital, Expectations and the Market Process)≫, 1977]. 그는 또한 경제 및 사회생활에서 제도들이 사람들을 조정하는 데서 하는 역할[≪막스 베버의 유산(The Legacy of Max Weber)≫, 1971]과 거시경제 분석의 미시 기초들의 중요성[≪거시경제 사고와 시장 경제(Macro-economic Thinking and the Market Economy)≫, 1973]을 분석하기도 했다.

  후속 세대들의 오스트리아학파 학자들은 이 사상가들의 통찰들을 더 전개하고 확대했다. 이 책의 목적은 오스트리아학파 경제학의 주요 교의들의 개관을 진술하는 것이다. 그렇게 하기 위해 우리는 앞에서 언급된 사상가들로부터의 통찰들을 이용하고 합성해서 오스트리아학파 경제학의 핵심 요소들을 포착하는 여덟 개 주제의 집합을 진술하고 논한다.

2 방법론적 원칙들

연구의 대상은 활동 상태에 있는 사람이다. 따라서 우리의 마음은 사정이 그러하다는 단언적인 선언으로, 그리고 그것이 반드시 그러해야 한다는 강력한 감정으로, 그의[사람의] 의식의 과정들의 모든 정확한 서술을 확증한다.⋯ 이런 경우들에 우리는, 우리 각각은, 오해의 여지가 없는 내면의 목소리에 의해 선언되는 법칙을 듣는다. 자연주의자에게 얼마나 타의 추종을 불허하는 이점이건, 그는, 또한, 유기체와 무기체 세계에서 지배하는 법칙들에 관한 그것들의 확증을 위해 자연의 목소리에도 호소할 수 있을 것이다! 자연 과학들이 오직 증명만 제공할 수 있는 곳에서, 경제학의 이론은 설득할 수 있다. 그것은 독자들의 무조건적 내면 동의를 얻을 수 있다.

—프리드리히 폰 비저 (1927/2003), ≪사회 경제학≫: 8-9.

한계 효용 분석에 따라서 경제학을 고쳐 만들 때, 카를 멩거는 오스트리아학파 경제학을 뚜렷하게 하는 것의 기초에 있는 방법론적 원칙들의 독특한 집합을 제공했다. 이 원칙들은 경제학의 핵심 목적에 근거하고 있는데, 후자는 우리가 사는 세계의 깨달음이다. 게다가, 자기들의 목적이 인간 세계를 이해하는 것이므로, 경제학자들은 검토 중인 사건들을 목적 있는 인간 행동의 면에서 이해할 수 있게 해야 한다. 이것은, 비록 틀림없이 자기들의 사회적 환경에 의해 조건 지워질지라도, 오직 개인들만이 결정에 직면하고 선택을 한다는 인식에 이른다. 그러므로, 사회 현상은 경제학자가 그런 현상을 개인 결정들로 거슬러 올라가 찾을 때만 이해될 수 있다. 이것은 "방법론적 개인주의(methodological individualism)"의 개념인데, 후자는 자기들의 독특한 목적들과 계획들이 있는 사람들이 모든 경제 분석의 시작이라고 주장한다.

사람들로 구성되는 집단들과 조직들은 그 집단을 구성하는 개인들 없이는 선택에 종사하지 않고 목적들과 계획들을 가지지 않는다. 샬럿은 어느 집단의 구성원이 되기로 선택할 수 있고, 그녀는 심지어 후속 의사 결정 권력을 그 집단의 다른 구성원에게 양도하기조차 할지 모른다. 그러나 그 집단과 그 집단에서 샬럿의 구성원 지위를 이해하기 위해서는, 우리는 샬럿의 목적들과 그 집단에 가담하는 그녀의 결정이 그런 목적들과 어떻게 부합하는지를 가지고 시작해야 한다. 이것은 개인 선택자들을 가지고 시작해서 그들이 바라는 목적들의 면에서 그들의 결정들의 함의들을 찾아내는 것을 수반한다.

이 핵심 원칙들—방법론적 개인주의와 목적에 맞는 행동—은 우리가 경제 분석에 종사하는 방식에 중요한 함의들이 있다. 우리는 다양한 복합 현상들—예를 들어, 교환, 가격 형성—을 설명하는 데 관심이 있고, 그렇게 하도록 우리는 이런 현상들이 수많은 개인 행위자들의 행동들로 구성되어 있다는 점을 안다. 우리가 세계를 이해하기를 희망할 수 있는 것은 오직 개인들의 목적들과 계획들을 인식하는 것에 의해서만이다. 경제학의 정리들—즉, 한계 효용과 기회비용의 개념들, 그리고 수요와 공급의 원리—은 모두 인간 행동에서의 합목적성을 숙고함으로써 도출된다. 경제 이론은 일단의 검증 가능한 가설들이 아니라, 오히려 우리가 경험 세계의 복잡한 일들을 읽고 이해하는 것을 돕는 일단의 개념적 도구들을 나타낸다.

이것은 자연 과학들에서 사용되는 과학적 방법과 근본적으로 다르다. 예를 들어, 자연 과학들의 방법들을 따라, 누구나 한 사람이 보도의 연석(緣石)에 있는 놓인 상자들에 종잇조각들을 넣고 있는 것에 관해 "과학적(scientific)" 설명을 전개할 수 있을 것이다. 매일 오후 3:30에, 과학자는 제복을 입은 한 사람이 종잇조각들을 이 집들 앞에 위치하는 작은 상자들에 집어넣으면서 집에서 집으로 이동하는 것을 관찰한다. 누구나 검증 가능한 가설을 전개하여 이 자료에 관한 점 예측을, 즉, "오후 3:30에 청색 정장을 입은 이 사람이 거리에서 서로 다른 집들 앞에 있는 작은 상자들에 종이를 집어넣을 것이다,"라고 할 것이다. 그러면 과학자는 관찰로부터 도출된 자료에 대비해 자기의 가설을 "검증할(test)" 수 있다. 그러면 가설은 기각되거나, 우선은, 기각되지 않거나 한다.

물리 과학들과는 대조적으로 인간 과학들(human sciences)에 관해 독특한 것은 그러한 설명이 연구 중인 현상의 본질적인 점을 놓칠 것이라는 점이다. 인간 과학자는 검토 중인 현상들에 목적을 할당할 수 있다. 사실상, 만약 그녀가 연구 중인 현상들이 이해될 수 있게 하기를 원한다면 그녀는 인간 목적을 할당해야 한다. 우리는 종이가 그저 이유 없이 상자에 채워지고 있기만 한 것이 아니라, 오히려 우체부가 우편물을 특정 주소들에 거주하는 개인들에게 배달하고 있다는 것을 이해할 수 있다. 이 이해는 이용 가능한데, 왜냐하면 인간 과학자는 다른 인간들의 이상형들(ideal types)에 관한 지식에 의존할 수 있기 때문이다.

우리는 몇몇 사람을 아는데, 우리와 그들 사이 일상의 대면 관계들

—예를 들어, 친구들, 가족, 동료들—때문이다. 다른 사람들을 우리는 그들이 수행하는 기능들이나 그들이 간직하고 있다고 생각되는 신념들—예를 들어, "우체부," "경찰관," "자유주의자"—을 통하여 안다. 그러나 대다수의 다른 사람들을 우리는 단지 익명으로 "인간(human)"—즉, 자유롭게 선택하며, 이용 가능한 수단들을 조정하고 재조정함으로써 자기들의 목적들을 달성하려고 노력하는 존재들—으로서만 안다. 우리는 "나머지 사람(the other)"의 목적 있는 행동을 이해할 수 있는데, 왜냐하면 우리 자신이 인간이기 때문이다. "내부로부터의 지식(knowledge from within)"이라 불리는 이 지식은 인간 과학들에 독특한데, "사회 물리학(social physics)"을 고안하기 위해 자연 과학들의 방법들을 사회 과학들에 수입함으로써 그것이 제거될 때 그것은 근본적인 분석 쟁점들을 일으킨다.

자연의 연구에서 의인화(擬人化·anthropomorphism)—즉, 동물들이나 물건들에 인간 행동이 있다고 생각하는 것—를 제거하는 것이 바람직했지만, 인간 현상들의 연구에서 인간성(humanness)—사람들의 목적, 계획, 그리고 불완전—을 제거하는 것은 전적으로 바람직하지 않을 것이다. 그러한 행사는 인간 과학들의 만유(萬有) 기계론(mechanomorphism)—즉, 창조적인, 선택하는 인간 주체들에 기계적 행동이 있다고 생각하는 것—을 초래한다. 그러한 상황에서는, 우리가 결국 로봇들의 경제 행동에 관해 이야기하고 인간들의 경제 행동에 관해 이야기하지 않으므로 경제학은 더는 인간 과학이 아니다.

오스트리아학파 경제학자들에게, 인간들의 주관적인 본질은 모든 경제학 측면들에 침투한다. 인간 과학들의 "사실들(facts)"은 자연 과학들에서처럼 객관적이지 않고, 오히려 사람들이 세계를 어떻게 인식하는지로 구성되어 있다. 모든 현상은 인간 마음을 통해 여과된다. 이런 이해는 멩거를 한계혁명에서 그의 공동 혁명가들(제번스와 발라)과 구별했다. 세 사상가 모두 한계주의(marginalism)의 개념과 한계효용의 역할을 알았다. 그러나 멩거는 바라는 목적들의 평가가, 게다가 그런 목적들을 달성하는 최상 수단들의 결정이, 개인 선택자에게 독특하게 주관적이라는 점을 강조했다. 이것은 오스트리아학파 경제학자들을 경제학에서 그들의 동료들의 다수와 구별하는 중요한 함의들이 있다.

한계혁명 후에, 대부분 경제학자는 가치(시장의 수요 측면)가 주관적이라는 점에 의견을 같이했다. 그러나 많은 사람은 생산(시장의 공급 측면)이 객관적인 조건들에 의해 결정된다고 주장했다. 이런 맥락에서, 경제학자 앨프레드 마셜(Alfred Marshall)은 시장(공급과 수요)을 가위의 양날에 비유했다. 양 가위 날이 종이 한 장을 자르는 것과 똑같이, 주관적 가치와 객관적 비용이 시장 가격을 결정한다는 것이다. 그러나 이런 시장 견해는 비용의 주관적인 본질을 간과하는데, 이 점은 다음과 같이 이해될 수 있다.

대안적인 행동 방침들에 대한 선택에 종사할 때, 사람은 불가피하게 다른 행동 경로들에 비해 한 행동 경로를 선택해야 한다. 만약 코델리아가 먹기를 선택하면, 그녀는 낮잠을 자는 자기의 다음 선호 대안을 추구할 수 없다. 대안들 사이에서 선택하는 것과 관련된 대체 관계는 경제학에서 주요 개념 중 하나—기회비용—에 이른다. "기회비용(opportunity cost)"이라는 용어는 특정 행동을 취하는 것과 관련되어 최고로 평가되는 포기된 대안의 가치를 언급한다. 각각의 선택 순간에, 개개 선택자는 하나의 행동 방침의 기대 편익을 다른 행동 방침들의 기대 편익에 대비해 비교 형량한다(차선 대안의 기대 편익은 [최선 대안의] 포기된 비용과 같다). 이런 기대 편익들은 인간 마음을 통해 여과되는데, 이것은 그것들이 개개 선택자에 주관적이라는 점을 의미한다. 게다가, 포기된 대안들의 기대 편익이 절대 경험되지 않으므로, 주관적인 기회비용은 순전히 행위자의 마음속에 있고 외부 관찰자는 알 수가 없다. 마셜이 언급했듯이, 가위의 양날이 종잇조각을 자른다는 점은 정말 진실이다. 그러나 인간들과 관련된 경제 문제들에서는, 수요와 공급의 양날은 사람들의 주관적인 평가로 결정된다.

멩거와 그의 예를 본받는 사람들에게, 주관주의(subjectivism)는 경제 현상들의 연구에 중심적이었다. 멩거는 개인 선택들이 모든 경제 행위자에 의해 한계치에서 이루어진다는 점에 자기의 공동 혁명가들과 의견을 같이했다. 그러나 그는, 제번스 및 발라와 대조적으로, 전 의사 결정 과정의 주관적인 본질을 강조했다. —어느 목적을 추구할지 등급 짓는 것에서부터, 바라는 목적을 달성할 수단을 선택하는 것에 이르기까지—선택 행위들은 개인들의 주관적인 평가에 근거하고 있다. 더군다나, 이 일련의 선택들은 조정이 가능한데, 이것은 시간을 통하여 사람들이 무슨 목적을 추구할지와 그런 목적을 달성할 가장 효과적인 방법을 체득하고 있다는 점을 의미한다. 그 결과, 오스트리아학파 경제학자들은 시간을 통하여 발생하는 발견과 학습의 과정을 이해하는 것을 강조한다.

오스트리아학파 경제학의 또 하나의 기초 원칙은 수단-목적 틀의 채택이다. 이것은 목적을 주어진 것으로서 간주하고 바라는 목적을 달성하도록 기도된 수단이 적합한지에 집중하는 것을 의미한다. 이 접근법은 긴 역사가 있고 과학으로서의 경제학의 본질을 중심으로 전개된다. 19세기에, 독일 역사학파와 관련된 경제학자들은 경제 분석과 특정 정치 결과들의 적극적인 옹호 사이의 연결을 받아들였다. 독일 역사주의자들의 시각에서, 경제학의 가치는 그것이 요망된 결과들을 옹호할 수 있게 한다는 바로 그 점이었다. 사회학의 창립자 중 한 사람인 막스 베버는 대안적인 입장을 제공했다.

베버는, 사회 과학이 과학적이 되기 위해서는, 전문가가 분석과 특정 입장들의 옹호나 개인적 가치 판단들의 제시 사이에 명백한 경계선을 그어야 한다고 주장했다. *몰가치성*(Wertfreiheit)—"가치 자유(value freedom)"—이라는 베버의 교리는 미제스에 의해 경제 과학을 하는 것이 의미하는 것의 기초 원칙으로서 채택되었다. 이 교리는 앞의 방법론적 원칙들에 비추어 사리에 맞다. 오스트리아학파 경제학자들에 의한 방법론적 개인주의와 합목석석 행동의 채택은 바라는 복적을 달성하기 위한 희소 수단들의 사용에 관한 선택의 논리를 강조한다. 과학으로서 경제학 시각에서, 목적의 윤리적 내용은 경제 분석가의 개인 윤리 혹은 정치적 입장이 관계가 없는 것과 같이 관계가 없다.

예를 들어, 경제학자는 임대료 통제 정책이 사회에서 가장 가난한 사람들에게 입수 가능한 주택을 증가시키는 효과적인 수단인지를 연구하는 과제를 받을지 모른다. 분석가는 그러한 정책의 기대를 거스르는 효과들, 즉 주택 부족, 임대료 통제가 없는 상황과 비교했을 때 미래 주택의 공급 감소, 기존 주택들의 품질 감소, 집주인들이 비화폐적 차별에 종사하는 비용의 감소를 보여주는 데 경제학의 도구들을 사용할 수 있다. 이 경우, 경제학자는 정책 결정자들이 바라는 목적의 면에서 정책의 결과들이 바람직하지 않을 것이라는 점을 보여주는 데 경제학의 과학적 도구들을 사용했다. 이것은 나쁜 정책인데, 가장 가난한 사람들을 돕는다는 목적이 나쁘기 때문이거나 경제학자가 임대료 통제 정책들에 개인적인 혐오를 하고 있기 때문이 아니라, 오히려 임대료 통제 정책이 가장 불우한 사람들을 돕는다는 표명된 목적을 달성할 비효과적인 수단이기 때문이다.

몰가치성 교리의 채택은 정치적 옹호나 개인적 편향과 독립된, 별개의 경제 과학의 운용을 허용한다. [그러나] 경제 과학이 가치 자유적이지만, 그것은 정책에 영향을 미치는 데 사용될 수 있다. 예를 들어, 우리가 후속 장에서 논할 것이지만, 사유 재산권 체제하에서 교환과 경쟁의 과정은 인간 복지 개선들의 기초에 있는 발견(discovery)에 사람들이 종사할 수 있게 한다. 이 통찰은 경제 개발과 관련된 정책들에 영향을 미치는 데 사용될 수 있다.

경제학자들은 자기들의 과학적 연구 결과를 대중과 정책 결정자들에게 의사 전달할 수 있는데, 의학자들이 암의 원인들과 알려진 치료제들에 관한 연구에서 최근의 발견물을 의사 전달할지 모르는 것과 똑같다. 각 경우, 해당 과학자들은 옹호나 개인적인 가치 판단을 하는 데에 연루되어 있지 않고, 대신 자기들의 과학적 탐구의 발견물을 자기들이 믿기로 그 정보를 유용하게 여길 사람들에게 의사 전달하는 데 종사하고 있다. 이 점에서, 경제 과학은 경제 체제의 작동에 대한, 그리고 시민들이 바라는 목적을 달성하기 위한 다양한 정책들의 효능에 대한, 중대한 통찰력을 제공함으로써 인간 복지에 중요한 역할을 한다. *몰가치성* 원칙의 치밀함을 인식하는 것은 과학적 정책 분석과 이런 연구 결과의 의사 전달을 분석가의 개인적 가치에 근거를 둔 편향된 옹호와 혼동하는 흔한 실수를 피하는 데 중요하다.

3 경제 계산

사회주의의 실행 가능성에 반대하여 제기된 근본적인 이의는 경제 계산의 불가능성과 관련 있다. 사회주의 공화국이 경제 계산을 적용할 처지에 있지 않을 것이라는 점은 기각할 수 없는 방식으로 증명되었다.... 사회주의 생산 경영진은 자기가 계획하고 집행하는 것이 추구되는 목적을 달성할 가장 적합한 수단인지 아닌지 그저 알지 못할 것이다. 그것은 희소한 물질적 생산 요소와 인적 생산 요소(노동) 양쪽 다 낭비할 것이다. 모두에 대한 혼란과 빈곤이 불가피하게 나타날 것이다.

―루트비히 폰 미제스 (1922/1981), ≪사회주의≫: 535

몇 년 전, 발명가인 토머스 스웨이츠(Thomas Thwaites)는, 자기가 간단한 전기 토스터를 맨 처음부터 조립하려고 시도하는, "토스터 프로젝트(Toaster Project)"에 착수했다. 시작하기 위해, 그는 지역 상점에서 살 수 있는 가장 값싼 토스터를 샀다. 그다음 그는 자기 자신의 것을 조립하는 데 자기가 필요로 할 부품들을 이해하기 위해 토스터를 분해했다. 스웨이츠는 400개를 넘는 부품을 확인했고 토스터를 조립하는 데, 많은 재료 가운데, 구리, 철, 니켈, 운모, 그리고 플라스틱이 필요하다는 것을 깨달았다. 그는 우선 광산들에 가서 필요한 원료들을 얻었다. 대규모의 여행과 노력 후에, 그는 토스터를 조립할 필요

자원들을 획득했다. 그다음 그는 이 원료들을 토스터의 여러 부품으로 만들었고 토스터 본체를 위해 플라스틱 틀을 만들었다. 완성된(그리고 매우 못생긴!) 토스터를 전기 콘센트에 꽂자마자, 그것은 몇 초도 걸리지 않아 합선이 생겼다. 토스터 프로젝트는 우리 대부분이 당연하게 여기는 재화를 생산하는 데 발생하는 조정의 경이를 예를 들어 설명한다. 이 경이는 어떻게 작동하는가? 우리는 다음 여러 장에 걸쳐서 이 질문에 대한 해답들을 탐구하고 있을 것이다. 여기서 우리는 경제 계산(economic calculation)의 개념을 가지고 시작한다.

경제 계산을 이해하기 위해, 우리는 몇몇 기본 사항을 가지고 시작할 필요가 있다. 우리는 희소성의 세계에 사는데, 왜냐하면 인간 욕망은 그런 욕망을 충족시키는 데 이용할 수 있는 자원들보다 더 크기 때문이다. 우리는 모두 우리의 바람직한 목적을 달성하는 데 오늘 한정된 수의 시간과 우리가 마음대로 쓸 수 있는 제한된 자원들이 있다. 주요 경제 쟁점은 희소 자원들이 경쟁하는 용도들 사이에 어떻게 배분될지에 관해 결정들이 어떻게 이루어져야 할지 하는 것이다. 토스터를 조립하는 데 시간과 자원들을 투자하는 것은 바로 그 자원들이 다른 용도들에 사용될 수 없다는 것을 의미한다. 이것은 희소성으로 인해 어떻게 선택 그리고, 그다음, 대체 관계가 필요한지 설명하는데, 왜냐하면 희소한 자원들을 한 방식으로 사용하는 결정은 그것들이 다른 방식으로 사용되는 것을 막기 때문이다.

이런 기본적이지만 중대한 통찰들은 재화와 서비스를 생산하는 데 희소한 자원들을 사용하는 것에 관해 결정할 때 여러 중요한 질문들을 낳는다. 도대체 재화나 서비스가 제공되어야 할까? 만약 대답이 "그렇다,"이면, 얼마의 양과 질로? 마지막으로, 희소한 자원들이 낭비되지 않도록 그 재화나 서비스를 생산하는 최소 비용 수단은 무엇인가? "경제 문제(economic problem)"를 구성하는 이런 질문들은 1920년대와 1930년대에 경제학 분야에서 발생했던 중요한 논쟁의 중심에 있었다.

"사회주의 계산 논쟁(socialist calculation debate)"으로 알려지게 된 것 동안, 루트비히 폰 미제스와 F. A. 하이에크는 경제 조직의 수단으로서 사회주의의 실행 가능성에 대해 지적 논쟁에 종사했다. 사회주의 사상가들은 중앙 경제 계획을 통해 여러 자본주의 병폐―시장 실패, 경기 침체, 실업―를 피하면서 물질적 생산의 증가가 달성될 수 있다고 주장했다. 첫 물결의 사회주의 사상가들에게, 중앙 계획은 화폐의 폐지와 생산 수단에서 재산권들의 폐지를 수반했다. 시장들 대신에, 정부 기관에 의한 포괄직인 경세 계획은 무엇이 만들어저야 하고, 그것이 어떻게 생산되어야 하며, 그것이 어떻게 분배되어야 하는지를 결정할 것이다.

미제스는 사회주의하에서 합리적인 경제 계산이 선진 산업 경제에서는 불가능하다고 주장함으로써 이 비전에 도전했다. 여기에 그 이유가 있다. 경제 계산은 경제 행위자들이 희소한 자원의 잠재적인 용도의 예상 부가 가치를 결정하는 능력이다. 잠재적인 대안들에 걸쳐 예상 가치를 비교함으로써, 의사 결정자들은 어느 활동들이 소비자들의 시각에서 가장 높은 가치를 가질지 잴 수 있다. 대안들에 걸쳐 예상 가치를 판단하는 데는 시장에 의해 결정되는 가격들이 필요한데, 후자는 비교를 위한 공통 단위를 허용하면서 자원들의 상대적인 희소성을 포착한다. 미제스는 사회주의자들이 폐지하기를 원하는 생산 수단에 대한 재산권들이 없이는, 화폐 가격이 없을 것이기 때문에, 경제 계산이 있을 수 없다고 주장했다. 그의 주장은 세 단계로 진행되었다.

첫째, 생산 수단의 사적 소유권이 없으면, 생산 수단의 시장이 존재하지 않을 것이다. 당신은 소유자들에 의한 자원들의 교환을 허용하는 자원 소유권이 없으면 자발적으로 거래할 수 없다. 둘째, 이 시장이 없으면, 생산 수단에 대한 화폐 가격들이 없을 것이다. 시장 거래를 통해 발생하는 화폐 가격들은 자원의 기회비용을 포착하는 교환율이다. 만약 커피 한 잔이 1달러이고 탄산수 한 병이 2달러이면, 이것은 탄산수 한 병의 가격이 커피 두 잔이라는 것을 의미한다. 재화들과 서비스들에 걸쳐 비교를 위한 공통 단위를 제공함으로써, 화폐 가격들은 사람들이 경제 전체에 걸쳐 다른 것에 비해 한 행동 방침에 종사하는 기회비용 혹은 대체 관계를 판단할 수 있게 한다. 마지막으로, 생산 수단에 대한 화폐 가격들이 없으면 합리적인 경제 계산이 가능하지 않은데, 왜냐하면 의사 결정자들이 대안적인 행동 방침들의 예상 부가 가치를 판단할 방법이 없기 때문이다.

미제스에 따르면, 화폐 가격들은 사적 소유권이 교환을 허용하는 특징을 가진 시장 환경에서 다수의 개인이 별개이고 종종 갈등을 일으키는 자기들의 계획들을 추구하는 자발적인 상호 작용의 의도되지 않은 결과로서 발생한다. 시장에서 발생하는 가격들은 특정 재화들의 상대적인 희소성에 관해 일반적인 지식을 전달하고, 따라서 자원들이 어떻게 사용되어야 하는지를 계산하기 위한 "인간 마음에 대한 보조 기구(aids to the human mind)"로서 이바지한다. 생산 수단에 대해 시장이 없으면, 어느 사업들이 경제적으로 실행될 수 있고 어느 것들이 그렇지 않을지를 중앙 계획 위원회가 어떻게 알까? 라고 미제스는 물었다.

특정 예를 제공하면, 철로를 건설하는 데 백금을 사용할지 아닐지를 계획자들이 어떻게 알까? 결국, 백금은 철도를 건설하는 데 투입물로서 기술적으로 가능하다. 시장 체제에서는, 철도를 건설할 책임이 있는 경제적 의사 결정자들은 백금의 상대적 희소성을 포착하는 백금의 가격을 고찰할 것이고, 투입물들(백금은 하나의 투입물이다)의 비용을 고려하여 자기들이 이윤을 벌 것으로 예상하는지를 평가하려고 시도할 것이다. 강철과 같은 대안들에 비해 높은 백금 가격을 고려하면, 의사 결정자는 백금으로 철도를 건설하는 것이 합리적이지 않다고 결정할 것이다. 이런 식으로, 백금과 기타 투입물들의 시장 가격은 다수의 기술적으로 이용 가능한 대안에 걸쳐 희소한 투입물들을 최상으로 사용하는 것에 관해 의사 결정자들에게 정보를 준다. ─재산권들과 화폐의 공동 폐지를 통해─가격들을 폐지하면 계획자들은 철로를 건설하는 데 백금이 사용되어야 할지 어떤 다른 재화가 사용되어야 할지 결정할 수 없을 것이다. 그 결과는 사회주의 체제의 옹호자들이 약속한 합리적인 질서와 대비하여 경제적 혼란일 것이다.

사회주의자들은 미제스의 비판을 진지하게 받아들였고 자기들의 비전을 수정했다. 그 결과는 오스카 랑게(Oskar Lange)와 아바 러너(Abba Lerner)가 제안한 "시장 사회주의(market socialism)" 모형이었는데, 이것은 미제스가 제기한 비판들을 다루면서 사회주의 체제의 바람직한 특징들을 유지하려고 시도했다. 시장 사회주의 모형은 화폐의 사용을 포함했고 최종 소비재에서와 노동 시장들에서 자유 시장을 허용했다. 생산 수단은 여전히 국유화될 것이다. 중앙 계획 위원회는 기업들에 대한 투입물들의 잠정적인 ["잠재(shadow)"] 가격들을 제공하는 데 책임이 있을 것이다. 이 잠정적인 가격들에 기반을 두고서,

기업들은 이윤을 극대화하는 수준의 산출물을 생산하는 비용을 극소화하는 투입물들의 조합을 선택하도록 지시받을 것이다. 그러나 기업들은 어떻게 이 산출물 수준을 알 수 있을까?

중앙 계획 위원회는 기업들에게 그들의 가격을 한계 생산비와 같게 정함으로써 완전 경쟁 시장의 명령을 따르도록 그리고 평균 비용을 극소화하는 수준의 산출물을 생산하도록 지시할 것이다. 이 규칙을 따르는 것은, 원리상, 완전 경쟁 모형에서와 똑같이 효율적인 결과들에 이를 것이다. 여기서 효율은—모든 자원이 사회 전체에 걸쳐 그것들의 최고 가치 용도들에 배분되는—배분적 효율(allocative efficiency)뿐만 아니라—재화와 서비스가 가능한 가장 낮은 비용에 생산되는—생산적 효율(productive efficiency)도 가리킨다.

시장 사회주의자들은 중앙 계획 위원회가 부정확한 잠정적 가격들—즉, 진정한 근본적인 희소성을 반영하지 않은 가격들—을 선택할지 모른다는 점을 알고 있었다. 그러나 그들은 계획 위원회가 관찰할 수 있을 재고품들에 기반을 두고 시행착오에 대해 조정이 이루어질 수 있을 것이기 때문에 이것이 문제를 제기하지는 않을 것이라고 주장했다. 시장들이 가격들에 하향 압력을 가함으로써 잉여물들을 조정하는 경향이 있는 것과 꼭 마찬가지로, 중앙 계획 위원회도 초과 재고품들에 직면하여 가격들을 조정함으로써 조정할 수 있을 것이다. 비슷하게, 시장들이 가격 증가로써 부족액에 대응하는 것과 꼭 마찬가지로, 재고 부족에 직면하여 더 높은 가격을 명령할 계획자들도 그렇게 할 것이다. 시장 사회주의자들에 따르면, 이 과정은 시장들의 효율성을, 설사 능가하지는 않을지라도, 모방하면서 사회주의의 경제적, 사회적, 그리고 정치적 목표들을 유지할 것이다.

F. A. 하이에크가 논쟁에 들어간 것은 여기서다. 시장 사회주의자들은 모든 관련 경제 지식이 주어져 있고, 알려져 있으며, 동결된 정태 균형 관념에 몰두하였다고, 하이에크는 주장했다. 가격들이 알려져 있고 고정된 최종 균형 상태에서만 기업들은 시장 사회주의 모형이 규정하는 대로 한계 비용과 같은 가격을 정할 수 있고 평균 비용을 극소화할 수 있을 것이다. 하이에크는, 이 정보가 존재한다고 가정하는 대신에, 이 지식이 발생하는 과정에 초점이 두어져야 한다고 주장했다. 이 과정은 끝이 열려 있는 체제(open-ended system)에서 실험과 경쟁을 수반한다. 두 가지 이유로 정태적인, 고정된 균형은 있을 수 없다. 첫째는 인간 실수인데, 이것은 실수들의 발견을 통해 자원들을 재배분하는 기회들에 이른다. 둘째는 시장 조건들이 끊임없이 진화하고 있다는 점인데, 이것은 이전의 균형 조건들을 부적절하게 한다. 설사 어떤 안정적인 균형이 달성될지라도, 조건들이 바뀜에 따라 그것은 잠깐일 것이다. 합리적인 경제 결정을 하는 데 필요한 지식이 발생하는 것은 분권화된 사람들이 계속 진행 중인 발견 과정에 참가할 수 있게 함으로써만이다. 이 수많은 발견은 무슨 재화들과 서비스들을 소비자들이 원하는지만 아니라, 이런 산출물들을 비용 극소화 방식으로 생산할 가장 효과적인 기법들에 관해서도 지식의 발생에 이른다.

하이에크에 따르면, 시장 사회주의에 고유한 문제들은 더 머리가 좋은 사람들이 책임을 지게 하거나 더 많은 정보를 얻기 위해 새로운 컴퓨터 기법들을 개발하게 하는 문제가 아니었다. 대신, 쟁점은 조정에 필요한 경제 지식이 분산되어 있고, 암묵적이며, 발생적이라는 점이었다. 이것은 사람들이 자기들의 경제 문제들을 조정하는 데 사용하는 지식이 그들이 끼워 넣어진 맥락 바깥에 존재할 수 없다는 점을 의미한다. 시장 사회주의 모형은 계획자들이 물질적 생산의 증진이라는 자기들의 표명된 목적들을 달성하는 데 필요한 지식을 발생시키는 바로 그 활동에 대해 아무런 여지를 남기지 않았다. 그 자체로, 그 모형은 일단 시장 사회주의 체제가 집행되면 계획이 실제로 직면해야 할 동태적 문제들을 다루지 못했다고, 하이에크는 결론지었다.

함께, 사회주의 계획의 변이체들에 대해 제기한 미제스와 하이에크의 반대론들은 경제 계산의 전제 조건으로서 사유 재산의 중요성을 강조했다. 경제 계산은 선진 물질 경제에서 경제 활동을 조정하는 데 중심적인 안내자로서 이바지한다. 그러므로 시장 체제에 대한 개입은 경제 지식을 약하게 하고 사람들이 희소한 자원들을 사용하는 방법을 결정하는 데 안내자로서 경제 계산에 의지할 능력을 약하게 하는 데 이바지한다.

사회주의 계산 논쟁이 1930년대에 들어감에 따라, 대부분 경제학자는 사회주의의 실행 가능성에 관해 미제스와 하이에크가 랑게와 러너에게 논쟁에서 진 것으로 간주하였다. 경제학자들 사이에서는 수정된 시장 사회주의 모형이 자본주의 대안을 능가할 수 있다는 널리 퍼진 믿음이 있었다. 미제스와 하이에크는 논쟁의 성과에 다른 견해를 가지고 있었다. 자기들의 수정 모형에서 화폐와 시장들을 재도입했을 때, 시장 사회주의자들이 경제 조정을 위한 가격 체제의 중심성에 관한 근본적인 논점을 인정했다고, 그들은[미제스와 하이에크는] 믿었다. 덧붙여서, 그들은 시장 사회주의자들이 균형 최종 상태들을 조정으로의 경향을 낳는 교환 및 경쟁의 과정과 근본적으로 혼동했다고 믿었다.

시간이 지나면서, 미제스-하이에크의 사회주의 평가에 관한 전문적인 평가가 바뀌었다. 이것은 사회주의 계산 논쟁과 관련된 이론적 쟁점들을 명료하게 하는 추가적인 학문[라보이(Lavoie), ≪경쟁과 중앙 계획(Rivalry and Central Planning)≫]과 게다가 현실 세계 사회주의 경제들이 1980년대에 직면했던 실제적 쟁점들의 결과였다. 사회주의 경제들의 실제 고투들은 경제 계획의 근본적인 난점들에 관해 처음 미제스와 하이에크가 제기한 쟁점들을 다시 생각하기에 이르렀고 경제 활동을 지도하는 데 중앙 계획을 사용하는 시도들에 대한 그들의 반대론들이 적절함을 입증했다.

4 자본 그리고 생산 구조

> 자본의 이질성은 사용에서 이질성을 의미한다. 사용에서 이질성은 다중 특수성을 함축한다. 다중 특수성은 보완성을 함축한다. 보완성은 자본 결합들을 함축한다. 자본 결합들은 자본 구조의 요소들을 형성한다. 우리는 예상치 못한 변화의 세계에 살고 있다. 따라서 자본 결합들과 그것들과 함께 자본 구조는 늘 변하고 있을 것이며, 해체되고 재형성될 것이다. 이 활동에서 우리는 기업가의 진정한 기능을 발견한다.
>
> —루트비히 라흐만(1956), ≪자본과 그것의 구조≫: 12-13.

앞 장의 맨 처음에 논한 토스터를 생산하는 것은 400개를 넘는 투입물의 결합을 수반했다. 토스터 프로젝트가 예증하듯이, 이것은 시간과 지리적 공간 양쪽 다에 걸쳐서 현저한 조정을 수반한다. 앞 장에서, 우리는 경제 계산이 사람들의 경제 활동을 조정하는 데서 수행하는 역할을 논했다. 이 장은 최종 소비재를 생산하는 데 필요한 투입물들 혹은 자본재들의 독특한 본질을 탐구함으로써 그 기초에 의거한다. 1871년 카를 멩거의 연구로 시작하여, 오스트리아학파 경제학자들은 자본의 독특한 특징들을 강조했는데, 자본은 후속 소비재를 생산하는 데 이바지하기 때문에 소중히 여겨지는 재화들을 지칭한다.

자기의 ≪경제학 원리≫에서, 멩거는 생산을 자본재들[그가 "고차재(goods of a higher order)라고 부르는 것]"을 포함하는 순차적 과정으로 진술했는데, 자본재들은 결합하여 최종 소비재[그가 "제1차재(goods of the first order)"라고 부르는 것]를 생산한다. 최종재를 생산하는 순차적 과정에서 그것들이 어디에 낙착되는지에 따라 서로 다른 자본재들이 생산 구조에 적합하다. 최저차 자본재(최종 소비재의 생산 직전의 것들)는 제2차재일 것이다. 그것 직전의 것은 제3차재일 것이고, 모든 생산 단계를 통하여 이와 같을 것이다.

우리의 토스터 예를 가지고 계속하면, 구리, 강철, 그리고 니켈의 최초 채광은 최고차 자본재일 것이다. 이런 재화들을 토스터의 내부 작용에 사용되는 다양한 요소들로 변형한 것은 저차재일 것이다. 이 내부 요소들에 대해 토스터 본체를 짜 맞추는 과정은, 마지막 생산 단계일 것인데, 제2차 자본재를 구성할 것이다. 최종 토스터는 제1차 혹은 소비재일 것이다.

멩거의 자본재 분류는 생산에서 시간의 본질적인 역할을 포착했다. 소비재를 생산하는 과정은 다양한 자본재들이 조정되어 최종 산출물을 낳음에 따라 시간을 통해 발생한다. 이러한 시간을 소비하는 생산 과정은 경제적 진보를 위해 필요하다. 자기들의 창의성을 사용하여, 사람들은 자기들이 오늘 고차재들의 직접적인 소비를 포기하고 대신 그것들을 미래 어떤 시점까지는 생산하지 않을 재화에 대한 투입물들로서 사용할 수 있다는 점을 깨닫는다.

이 점을 설명하도록 기본적인 예를 고찰해 보자. 사람들이 자기들의 손을 사용하든지 작살로서 막대기를 사용하여 물고기를 잡는 것이 가능하다. 이 방법들은 소비할 수 있는 몇 마리 물고기를 확실히 산출할 것이다. 대안적으로, 그들은 오늘 물고기 잡는 것을 포기하고 미래에 더욱더 많은 물고기를 산출할 그물을 꾸미는 데 자기들의 시간과 자원들을 투자할 수 있다. 이러한 생산 과정은 시간이 들고 사람들에게 미래의 이득을 위해 현재의 자원 소비(오늘 손으로나 작살로 물고기를 잡는 것)를 포기할 것을 요구한다. 이 똑같은 논리는 생산하는 데 자원들과 시간의 포기를 요구하는 선진 경제의 거의 모든 재화와 서비스의 생산에 적용된다.

시간의 중심적 역할에 덧붙여서, 멩거가 자기의 자본 취급에서 주관적 가치에 관해 깊이 인식한 점도 또한 뚜렷하다. 그의 견해로, 자본재들의 가치는 그것들이 생산하는 것을 돕는 저차재의 기대 가치로부터 도출된다. 즉, 자본재들의 가치는 그 재화들 자체에 고유하지 않고, 대신 생산 구조에서 저차재로부터 도출된다. 원료들은 고유한 객관적인 가치를 가지고 있지 않고, 대신 그것들이 생산 구조에서 다른, 가치가 부가되는 자본재의 생산에 이바지하는 것으로부터 자기들의 가치를 도출한다. 이 저차재들도 마찬가지로 최종 소비재의 생산에 대한 자기들의 공헌으로부터 자기들의 가치를 도출한다. 궁극적으로 이 과정을 움직이는 것은 소비자들이 결정하는 최종 소비재(제1차재)의 기대 가치이다. 시장에서는, 이 주관적인 평가들은 경제 계산에 관해 앞 장에서 논했듯이 자본재들의 시장 가격들에 포착된다.

멩거의 틀을 하나의 기초로서 받아들여서, 루트비히 라흐만(Ludwig Lachmann)은 오스트리아학파 자본 이해를 더 전개했다. 그는 자본이 이질성, 다중 특수성, 그리고 보완성의 특징을 가지고 있다고 강조했다. 이질성(heterogeneity)은 자본재들이 다르다는 점을 함축한다. 이것은 명백한 것 같을지 모르지만, 표준적인 경제 이론은 자본을, 상호 교환적으로 사용될 수 있고 시간을 통한 어떤 종류의 면밀

한 계획이나 조정도 요구되지 않는, 동질적인 물방울(homogeneous blob)로 취급한다. 만약 자본재들이 정말 동질적이면, 그것들은 소비자들이 원하는 무슨 최종 제품들이든 생산하는 데 상호 교환적으로 사용될 수 있을 것이다. 이 시각으로부터는, 자본은 플레이-도(Play-Doh® · 어린이의 공작용 점토)의 공(ball)과 유사하다. 똑같은 자본이 설계자가 바라는 무슨 제품으로든 형성될 수 있다. 그리고 만약 실수가 저질러지면, 자본 자원들은 플레이-도의 공을 빨리 재형성함으로써 빠르게 그리고 최소 비용으로 재배분될 수 있다.

대조적으로, 오스트리아학파 전통에서 연구하는 학자들은 자본이 동질적이지 않다는 점을 강조한다. 모든 자본은 같지 않고 상호 교환적으로 사용될 수 없다. 펜치 하나는 한 대의 픽업트럭과 같은 것이 아니다. 각 자본재는 다른 목적들을 달성하는 데 사용될 수 있다. 펜치 하나는 트레일러를 견인할 수 없고 한 대의 픽업트럭은 철사 한 조각을 꼬는 데 사용될 수 없다. 그것들의 독특한 물리적 특성들에 기반을 두어, 자본을 동질적인 플레이-도의 공이라기보다 레고(LEGO®)라고 생각하는 것이 더 정확하다. 일단의 레고들을 조립하는 바람직한 생산 계획을 달성하기 위해서는, 특수한 독특한 조각들이 일정한 시간적 순서로 결합되어야 한다. 만약 그 과정에서 실수가 저질러지면, 그것은 비용이 많이 드는데, 왜냐하면 바람직한 생산 계획을 달성하기 위해서 개개 레고 조각들이 조심스럽게 제거될 필요가 있고 실수를 교정할 특수한 조각들이 삽입될 필요가 있기 때문이다. 이것은 복잡한 선진 경제의 특징이 되는 상황이다.

자본의 이질성을 인식하는 것은 또한 생산 계획들이 개인마다 다르기 때문에도 중요하다. 자본재라고 간주되는 것과 그것이 생산 계획에 꼭 들어맞는 곳은 사람마다 다르다. 한 사람은 달걀을 소비할지 모르는데, 이것은 그것을 제1차 소비재로 만들 것이다. 또 한 사람은 그 달걀을 과자를 굽는 데 투입물로서 사용할지 모르는데, 이것은 그 달걀을 자본재로 만든다. 스마트폰은 한 사람이 게임을 하는 데 사용하고—소비재—또 한 사람이 사업을 수행하는 데 사용할지—자본재—모른다. 같은 재화가 다른 사람들에 의해 다른 목적들로 사용될 수 있다는 생각은 사용에서 이질성을 나타내고, 이것은 어떤 것이 자본재인지가 사람들이 그 재화를 어떻게 자기들의 더 넓은 계획들과 목표들에 꼭 들어맞는 것으로 보는지에 달려 있다는 생각을 보강한다. 이것은 어떤 것이 자본재인지가 개인들이 주관적으로 그것의 사용을 인식하는 방법에 달려 있으므로 고정되고 미리 정해진 자본 스톡(stock of capital)이 없다는 점을 암시한다.

이질적인 것에 덧붙여서, 각 개별 자본재는 그 자체 다중의 잠재적 용도들에 사용될 수 있다. 한 대의 픽업트럭은 트레일러를 견인하는 데뿐만 아니라, 짐을 적재하거나 눈 덮인 거리를 제설하는 데도 사용될 수 있다. 마찬가지로, 펜치 하나는 전기 작업에 대해서뿐만 아니라, 목수 일이나 보석 만들기에도 사용될 수 있다. 이것은 자본의 다중-특수적 본질(multi-specific nature)을 예증하는데, 이것은 이질적인 자본이, 비록 제한되어 있을지라도, 많은 용도로 쓰이고 있다는 점을 의미한다. 경제 행위자들은 다수의 경쟁하는 대안들로부터 이 희소한 자원들의 최상의 용도를 결정하여야 한다.

자본재들의 이질성과 다중-특수성은 자본재들이 서로 보완적(complementary)이라는 점과 생산 계획을 달성하기 위해 자본 결합들로 사용되어야 한다는 점을 함축한다. 기업가들은 바라던 소비재를 산출하기 위해 이 결합들을 발견해야 하고 그것들이 어떻게 더 넓은 생산 과정에 잘 들어맞는지를 결정해야 한다. 만약 발열 소자들의 조립과 설치 전에 플라스틱 덮개가 토스터 기부(基部)에 놓이면, 최종 제품은 기능하는 토스터가 안 될 것이다. 최종 소비재(빵을 데움으로써 기능하는 토스터)의 생산은 자본재들이 최종 제품을 생산하도록 특수하고, 보완적이며, 순차적인 방식으로 결합되는 것이 필요하다. 이런 자본 결합들은 경제 안에서 자본 구조(capital structure)라고 불리는 것을 구성한다. 이 구조는 일관성 있는 질서 패턴을 가진 복잡한 집합의 관계들이라는 특징을 가지고 있다. 자본 구조는 고정되어 있지 않다. 대신 그것은 세 요소의 결과로 끊임없는 변화 상태에 있다.

첫째는 인간 실수(human error)인데, 그것에 의해 자본재의 사용에 관해 한 결정들이 잘못된 것으로 드러난다. 예를 들면, 기업가는 소비자들이 사실상 랩톱을 바랄 때 탁상 컴퓨터를 생산하는 데 자본재들을 배분하기로 결정할지 모른다. 탁상 컴퓨터의 생산에 사용된 자본 구조의 몇몇 요소들은 랩톱 컴퓨터의 생산에 사용된 것들과 같을지 모르지만, 다른 것들은 다를 것이고, 진정한 소비자 욕망을 충족시키도록 자본 대체들이 이루어질 필요가 있을 것이다.

둘째, 생산 기술들—기계류, 기법, 그리고 조직 형태—에서 혁신은 이전의 자본 구조의 부분들을 비효율적으로 할지 모른다. 향상은 재화와 서비스를 생산하는 옛날 방식들을 새로운 대안들과 비교해서 덜 효율적으로 한다. 이런 일이 일어날 때, 기업가들은 자본이 배분되는 방법을 더 넓은 생산 구조 안에서 조정할 필요가 있을 것이다.

마지막으로, 이전에 생산되었던 것이 대안들과 비교되어 더는 소중히 여겨지지 않게 소비자 욕망이 바뀔지 모른다. 전에는, 소비자들이 탁상 컴퓨터를 원했을지 모르지만, 이제 그들은 태블릿을 원한다. 이 경우, 생산자들은 새로운 소비자 욕망을 만족시키기 위해 자기들의 생산 계획들을, 그리고 관련 자본을, 수정할 필요가 있을 것이다.

끊임없이 바뀌는 자본 구조에 관해 난처한 것은 아무것도 없다. 경제 복지의 증진은, 경제 사정의 변화, 그런 사정에 관한 더 정확한 지식, 그리고 기술과 조직 형태들의 개선에 대응하여, 자본 구조에 대한 변경을 요구한다. 그 결과는 변화하는 상황들에 직면하여 계속 진행 중인 자본 대체와 재편성이다. 자본주의 생산 과정을 연구하는 전통적인 신고전학파 방법들의 문제는 자본을 동질적인 물방울로 취급하거나 어떤 기간에서 자본 구조의 순간적인 스냅 사진에 의존하는 것에 있다. 오스트리아학파 경제학자들은 이질적이고 특수한 자본의 결합들이 자본 구조의 더 넓은 맥락에서 섞이고 다시 섞이는 과정에 우리가 집중할 필요가 있다는 점을 강조한다.

자본 구조의 개념은 "자본 스톡(capital stock)"의 생각과 대비되는데, 후자는 한 시점에서 모든 자본의 총측정치를 나타낸다. 자본 스톡의 단일 측정치를 얻는 데는 화폐와 같은 공통분모를 사용하여 자본이 함께 보태지는 것이 필요하다. 그러나 루트비히 라흐만은 이 접근법이 가격들이 균형에 처해 있다고 가정하기 때문에 이 접근법이 사리에 맞지 않는다고 주장했다. 주관적인 기대들과 평가들을 고려하면, 어떤 사람이 재화를 자본재로 평가하는지 아닌지는 객관적으로 측정할 수 없다. 더군다나, 인간 기대들은 위에서 논한 세 요소 때문에 종종 부정확할 것이다. 자본 스톡의 관념은 오직 균형이 달성된 세계에서만 사리에 맞는데, 후자는 모든 계획과 기대가 완전히 조정된다는 점을 의미한다. 그러나 끊임없는 실수와 변화의 특징을 가진 불균형 세계에서는, 자본 스톡의 생각은 쓸모가 없다. 라흐만과 기타 오스트리아학파 경제학자들이 대신 자본 구조에 집중하는 것은 이런 이유 때문이다. 불균형 세계에서는, 중요한 것은 이질적이고 다중-특수적인 자본재들이 생산 계획들에서 어떻게 함께 들어맞고 자본 대체가 실수와 변화하는 사정에 직면하여 어떻게 일어나는지 하는 것이다.

생산할 수 있는 수많은 소비재, 짝지을 수 있는 수많은 자본 결합, 그리고 다르고 종종 갈등을 일으키는 계획들과 기대들을 사람들이 가지고 있다는 현실을 고려하면 자본 구조가 어떻게 생기고 진화하는가? 시장 과정의 이론이 이 질문에 하나의 해답을 제공한다.

5 시장 과정

> 시장 과정은 . . . 기업가적 활동에 의해 계속 움직인다. 기업가적 활동은 이윤을 얻고 그러므로, 물론, 손실을 피하도록 착수된다. . . . 가격 체제에 작용하면서 그 체제에 대한 모든 내부적 불일치를 제거하는 경향이 있는 시장의 힘(market forces)이 있다. . . . 시장 과정은 행해지는 수많은 결정을 긴밀히 들어맞추는 방향으로 간다. 과정은 최초에 결정들 사이에 그러한 일치성이 없이 시작된다. 과정 그 자체는 결정들이 일치하게 되는 소동이다. 이 소동은 자원들을 한 고용에서 다른 고용으로 끊임없이 다시 섞는 것이고, 완전한 일치성이 달성되지 않은 한 과정은 멈추지 않는다. 요점은 자원의 오배분이 이용되지 않은 이윤 기회의 존재를 함축한다는 것이고 . . . 이윤 기회를 붙잡는 것이 . . . 그러한 오배분을 교정하는 방향으로의 한걸음에 해당한다는 것이다.
>
> —이즈리얼 커즈너 (1963), ≪시장 이론과 가격 체제≫: 326-327.

시장이란 무엇인가? 사람들은 마치 그들이 자원들의 배분과 분배를 결정하는 실체들을 선택하고 있는 것처럼 시장들을 생각하는 경향이 있다. "시장(the market)"은 일정 산업들의 쇠퇴, 일자리 상실, 혹은 소득 분배의 불평등, 기타 등등에 책임이 있다고, 우리는 종종 듣는다. 이러한 구성은 개인들이 다른 사람들과의 교환 관계에 참여하는 선택들을 시장들이 반영한다는 현실을 무시한다. 시장은 장소나 사물이 아니고 목적도 선택에 종사할 능력도 없다. 대신, 시장 결과들은 다른 사람들과 상호 작용하기로 자발적으로 결정하는 수많은 사람(수요자들과 공급자들)의 목적들, 계획들, 그리고 선택들을 반영한다. 이 점을 고려하면, 시장들에 관해 생각하는 더 정확한 방식은, 각각이 자기 자신의 독특한 목표들을 달성하려고 시도하고 있는, 사람들 사이 중첩되고, 끊임없이 바뀌며, 자발적인 상호 작용의 배열로서 생각하는 것이다. 개인들 사이 이 상호 작용들은 자원 배분들과 분배들의 패턴이 발생하는 데 이바지한다.

   시장들은 소중한데, 왜냐하면 우리의 다양한 목표들을 달성하기 위해 우리가 전형적으로, 또한 자기들 자신의 목적들을 추구하고 있는, 다른 사람들과 조정할 필요가 있기 때문이다. 결국, 부유한 사회의 가장 결정적인 특징은 사람들이 자기들이 소비하는 것을 거의 별로 직접 생산하지 않는 사회이다. 대신, 대부분 사람은 자기들이 소중히 여기는 재화와 서비스를 생산하는 데 다른 사람들에 의존하고, 그들은 그다음 교환을 통해 그것들을 얻는다. 당신이 매일 소비하는 모든 재화와 서비스를 생각해 보라. 당신이 얼마나 많이 직접 그리고 당신의 동포 인간들 도움 없이 생산하는가? 대부분 사람에 대해 그 대답은 0일 것이다. 우리가 소중히 여기는 것들을 얻는 데 우리가 얼마나 많이 다른 사람들에 의존하는지 인식하는 것은 중대한 질문을 제기한다. 우리가 엄청나게 복잡한 세계에서 우리의 목표들을 달성하기 위해 어떻게 다른 사람들과 질서 있는 방식으로 조정하는가?

   경제 계산과 생산에서 자본의 역할에 집중했던 제3장과 제4장은 이 질문에 답하는 데 기초를 제공한다. 이 장에서는, 우리는 시장 과정이 작동하는 방법을 논함으로써 이 기초에 의지한다. 우리의 목표는 개인들의 지식과 기대들이 조정과 협동에 이르는 과정을 설명하는 것인데, 왜냐하면 이것은 사람들이 다수의 자기 목적을 달성하는 데 궁극적으로 필요한 것이기 때문이다. 이것은 사람들이 상호 발견과 학습에 종사하는 방법에 관한 이해를 수반한다. 오스트리아학파 전통에서 연구하는 사람들은 경제학자들이 배타적으로 정태 균형에 있는 사물의 상태들에 집중하는 것을 넘어서 대신 시장 과정의 작동을 떠받치는 원리들을 해설하는 데 집중해야 한다고 주장한다. 이런 주요 원리들은 다음과 같다.

1. 시장들은 경제 계산을 허용하는 가격들이 발생할 수 있게 하는 제도들의 특정 집합의 존재에 달려 있다.
2. 경제 계산은 가치가 부가되는 소비재를 생산하기 위해 더 넓은 자본 구조에서 시간을 통한 자본의 조정에 대해 안내자로서 이바지한다.
3. 시장들은 순선한 무시에 식년하여 기업가적 발견에 따라 움직인다.
4. 기업가적 발견의 이런 과정은 계속 진행 중인, 끝이 열려 있는 (open-ended) 체제에서 발생한다.

원리들의 탐구

시장 교환이 일어나기 위해서는, 일정 제도들이 존재해야 한다. 제도들은 인간 상호 작용들을 지배하는 공식적 및 비공식적 "게임 규칙들 (rules of the game)"이다. 시장들의 작동을 위해서, 가장 중요한 제도는 자원들이 소유되고 사용되는 방법을 묘사하는 소유권 체제이다. 이 재산권들은 비공식적―누가 무엇을 소유하는지에 관해 공유된 규범들―이거나 공식적―소유지의 구획들에 대한 성문화된 법적 소유권들―일 수 있다. 재산권들은 중요한데, 왜냐하면 다른 사람들과 상호 작용하기 위해 사람은 자기의 신체와 자기가 사용하고 교환하기를 원하는 품목들에 대해서 지배와 통제를 해야 하기 때문이다. 잠재적인 거래 당사자들도 자기들의 신체들과 자기들이 사용하거나 교환을 위해 제공하는 재화들에 대해 비슷하게 지배해야 한다. 이런 기초적 재산권들이 없으면, 어떤 상호 작용이나 교환도 일어날 수 없다. 재산권들의 존재는 시장들이 작동할 수 있게 하는 여러 광범위한 편익을 낳는다.

첫째, 재산권들은 경제 행위자들이 경제 계산에 종사할 수 있게 하는데, 이것은 제3장에서 논의되었다. 경제 계산은 선택자들이 희소한 자원들의 대안적인 용도들에 관해 기대 가치를 결정할 수 있는 능력을 나타낸다는 점을 상기하라. 생산 수단에 대한 재산권들은 시장 참여자들 사이에 교환과 경쟁을 허용한다. 이러한 경쟁적 교환 과정은 자원들의 상대적 희소성에 관해 주요 정보를 포착하는 시장 가격들의 발생에 이른다. 시장에 의해 결정되는 가격들은 중대한데, 왜냐하면 그것들은 사람들에게 과거 결정들을 평가할 권능을 주면서 또한 그들이 미래를 위해 계획하는 것을 돕기도 하기 때문이다. 가격들은 오직 국지적 행위자들에게만 알려진 시간과 장소의 특수한 지식을 포착함으로써 그렇게 한다. 이것이 중요한 이유를 알기 위해서, 아래 예들을 고찰해 보자.

자연재해가 오렌지 수확에 불리하게 영향을 미치고 있다고 가정해 보자. 그 결과는 오렌지가 자연재해 이전의 상황에 비해 더 부족해질 것이라는 점일 것이고, 이 점은 더 높은 오렌지 가격에 반영될 것이다. 더 높은 가격은 경제 체제 전체에 걸쳐 사람들에게 오렌지가 상대적으로 더 부족해졌다고 의사 전달하고 그들에게 오렌지를 더 적게 소비할 유인을 줄 것이다. 대안적으로, 철광석 같은 원료에 대한 새 광산의 발견을 고찰해 보자. 이 발견은 철광석을 더 풍부하게 할 것이고, 이것은 그것의 가격 하락에 이를 것이다. 이런 가격 하락은 사람들에게 철광석이 새 광산 발견 이전의 상황에 비해 덜 부족하다고 의사 전달한다. 사람들은 그에 따라 그들이 전에 그랬던 것보다 더 많이 철광석을 소비함으로써 자기들의 행동을 조정할 것이다.

사람들이 경제 전체에 걸쳐 가격 변화의 기초가 되는 원인—자연재해나 새 광산 발견—을 알 필요가 없다는 점을 누구든지 인식할 때 국지적 경제 사정을 의사 전달하는 수단으로서 가격의 효과성이 명백해진다. 그런데도[원인을 알지 못해도], 그들은 그에 따라[가격 변화에 따라] 자기들의 행동을 조정하여, 희소성 사정의 변화 결과로, 자연재해의 경우에는 더 적게, 혹은 광산 발견의 경우에는 더 많이, 소비한다. 이런 식으로, 시장 가격들은 경제 행위자들이, 앞 장에서 논한, 자본 구조를 조정하도록 경제 계산에 종사할 수 있게 한다.

희수하고 이질적인 자본이 더 넓은 자본 구조에서 어떻게 다른 자본과 결합하여야 할지 사람들이 결정할 때 가격들은 안내자로서 이바지한다. 다양한 소비재를 생산할 복잡한 자본 배열은 가격 신호들의 지배를 받는다. 이런 가격들은, 희소성 사정이 바뀜에 따라, 자본 대체와 재편성을 통한 생산 계획들의 수정을 위해 끊임없는 피드백을 제공한다. 앞의 예로 돌아가면, 새 광산 발견의 결과, 철광석의 더 낮은 가격은 이전에는 철광석의 더 높은 가격에서 이윤이 없었던 생산 계획들을 더 이윤이 있게 할 것이다. 마찬가지로, 자연재해의 결과로 오렌지 가격 상승은 어떤 생산 계획—예를 들면, 오렌지 주스의 생산—을 그것이 재난 이전이었던 것과 비교하여 덜 이윤이 있게 할 것이다. 양 경우, 기업가들은 가격들에 의해 의사 전달되는 정보에 근거하여 자기들의 계획들과 자본 구조를 조정할 것이다.

시장 가격들의 발생을 허용하는 것에 덧붙여서, 재산권들은 여러 가지 다른 중요한 편익을 낳는다. 소유자들이 현금 흐름 권리들

(cash-flow rights)을 가지고—그들이 자기 재산의 사용이나 판매와 관련된 어떤 수입도 가지고—있으므로, 그들은 자기들이 소유하는 것을 유지하고 관리하는 것으로부터 개인적으로 이익을 얻는다. 자원 소유자들은 다른 사람들이 소중히 여기는 희소한 자원들의 집사로서 봉사하는 경향이 있을 것인데, 왜냐하면 그렇게 하는 데 부착된 이윤 잠재력 때문이다. 마찬가지로, 소유자들은 자기들의 자원들을 다른 사람들에게 이로운 방식들로 사용할 유인이 있는데, 왜냐하면 자원 소유자들이 이윤을 버는 것은 다른 사람들의 욕망을 만족시키는 것을 통해서이기 때문이다. 마지막으로, 소유자들은 자기들의 재산이 다른 사람들에게 끼치는 해를 최소화할 유인이 있다. 재산권들은 사용과 책임 사이에 명백한 관계를 형성하는데, 왜냐하면 소유자들은 자기들의 재산이 다른 사람들에게 해를 끼치는 곳에서 책임을 지게 될 수 있기 때문이다. 만약 당신의 차가 나의 재산에 해를 끼치면, 나는 배상금을 위해 차량 소유자로서 당신에 대해 법적 상환 청구를 구할 수 있다. 그 결과로 명백히 정의된 재산권들은 한 사람의 재산이 다른 사람의 재산에 해를 끼칠 가능성을 낮추는데, 배상금의 책임을 지게 될 수 있는 명백한 소유자가 있기 때문이다. 일제히 작용하여, 재산권들과 관련된 편익들은 협동과 조정을 위해 필요 지식과 유인 양쪽 다 제공한다.

사유 재산권 체제 안에서, 시장 과정은 순전한 무지에 직면한 기업가적 발견의 과정이다. 기업가 정신은 잠재적 이윤 기회들에 주의를 기울이는 것을 수반한다. 그러나 이 이윤 기회들은 미리 정해져 있고 알려진 것이 아니다. 이 점을 포착하기 위해서, 이즈리얼 커즈너(Israel Kirzner)는 무지와 순전한 무지 사이의 차이점을 강조한다. 무지(ignorance)는 알려진 지식 결여(known lack of knowledge)를 나타낸다. 나는 컴퓨터를 조립하는 방법에 관한 지식을 내가 결여하고 있다는 점을 안다. 나는 또한 만약 내가 이 지식을 어쨌든 찾아내기로 한다면 그것이 이용될 수 있고 "저쪽에(out there)" 있다는 점도 안다. 무지는 선택 대상인데, 왜냐하면 사람은 자기의 무지를 제거하기 위해, 이용할 수 있다고 자기가 알고 있는, 지식을 얻는 데 자원들을 투자할 수 있을 것이기 때문이다. 예를 들면, 기업가는 다른 지리적 위치에서의 규제들을 모를지 모르는데, 왜냐하면 그가 현재 그 공간에서 운영하지 않기 때문이다. 그러나 만약 그가 운영들을 그 장소로 확대할지를 결정하고 있다면, 그는 필요한 규제 정보를 얻기 위해 추가적인 자원들을 투자함으로써 자기의 무지를 제거할 수 있을 것이다.

대조적으로, "순전한 무지(sheer ignorance)"는 세계의 알려지지 않은 측면들을 나타낸다. 이 유형의 무지는 선택의 결과도 아니고 추가적인 정보를 얻는 데 더 많은 자원을 투자함으로써 제거될 수도 없다. 대신, 순전한 무지는 세계 사정이 기업가들에 의해 발견될 때까지는 그저 알려지지 않을 뿐인 세계 사정을 나타낸다. 그러나 이 발견이 어떻게 일어나는가? 이윤의 매력은 기업가들에게 이전에 이용되지 않았던 기회들에 끊임없이 주의를 기울이게 하고, 그 과정에서, 순전한 무지의 커튼을 걷게 하는 것이다. 사람들이 자기들의 환경에 관한 자기들의 주관적인 인식에 따라 세계를 달리 보기 때문에, 주의 기울임(alertness)은 다양하다. 이런 변동으로 어떤 사람들은 다른 사람들이 간과한 이윤 기회들을 식별할 수 있다. 그러나 인식된 이윤 기회 모두가 기초가 되는 세계 현실들에 관한 정확한 인식은 아니다.

기업가들은 자기들이 진정한 이윤 기회들을 식별했다고 자신하지만(그렇지 않으면 그들은 이 기회들을 추구하지 않을 것이다), 많은 모험사업은 실수인 것으로 드러난다. 즉, 약간의 기업가는, 사실상,

소비자들의 욕망을 만족시키지 않는 기회들을 인식할 것이다. 인식된 이윤 기회가, 사실상, 진정한지의 결정은 그 기회를 이윤과 손실의 시장 검증을 받게 함으로써 일어난다.

만약 기업가의 모험사업이 이윤을 번다면 그것은 인식된 이윤 기회가 옳았다는 점을 드러낸다. 자원들은 이전에 잘못 배분되었고, 이윤을 낳는 가격을 소비자들이 기꺼이 지급하는 것에 의해 증명되듯이, 그들이 소중히 여기는 재화를 생산하도록 기업가가 자본 투입물들을 사서 결합할 수 있게 하였다. 대조적으로, 손실은 기업가의 추측이 옳지 않았음을 드러낸다. 이윤을 낳을 만큼 충분한 양으로 소비자들이 제품을 사기를 꺼린다는 점에 의해 증명되듯이, 그는 대안적인 용도들에 비해 가치를 덜 낳는 방식으로 자원들을 재배분했다. 이윤은 그 기업가에게 계속해서 생산하라고 신호하면서 또한 다른 기업가들에게 그 이윤이 남는 모험사업으로 자원들을 재배분함으로써 그들이 이윤을 벌 수 있다고 신호하기도 한다. 비슷하게, 손실은 그 기업가에게 그가 생산을 중단하고 그에 따라 자원들을 재배분해야 한다고 신호하면서, 또한 다른 기업가들에게 그 특정 생산 계획을 추구함으로써 벌 이윤이 없다고 의사 전달하기도 한다.

기업가적 추측들의 검증으로서 이바지함으로써, 이윤과 손실은 경제 행위자들에게 피드백을 제공하는 주요 역할을 하고 경제 체제에 걸쳐서 조정에 이바지한다. 이윤과 손실 메커니즘은 또한 위험 감수와 신중 사이에 균형을 잡는 수단을 제공하기도 한다. 위험 감수(risk taking)는 바람직한데, 왜냐하면 그것이 혁신(innovation)에 이르고 소비자들에게 이로울지 모르는 기회들의 인식에 내기를 거는(betting) 것에 이르기 때문이다. 동시에, 미숙한 위험 감수는 대신 다른, 가치가 부가되는 재화들과 서비스들을 생산하는 데 사용될 수 있었을 희소한 자원들을 낭비하는 것에 이를 수도 있다. 신중(prudence)은 지나친 위험 감수를 피하지만, 또한, 불확실하고 그래서 위험의 요소를 포함하고 있는, 혁신과 창조적 파괴의 과정을 억누를지도 모르는 지나치게 조심하는 행동에 이를 수도 있다. 이윤과 손실은 이 두 힘을 균형 잡는 데 도움이 된다.

이윤의 매력은 위험 감수의 유인을 제공하는데, 왜냐하면 성공적인 선도자는 소비자들이 소중하게 여기는 재화의 최초의 생산자가 됨으로써 상당한 이윤을 벌 수 있기 때문이다. 동시에, 손실의 잠재력은 기업가들에게 투자 결정을 할 때 주의하게 한다. 그리고 일단 투자가 이루어졌을 때 손실을 낳은 실제 경험은 기업가들에게 자기들의 행동을 바꿀 마음이 들게 할 것인데, 왜냐하면 그렇게 하지 않으면 추가적인 손실과 결국에는 완전한 청산에 이를 것이기 때문이다. 위험의 허용(tolerance for risk)은 사람마다 다르지만, 시장들의 중요한 기능은 맹목적인 위험 감수를 분별력 있음과 균형 잡아 희소한 자원들이 소비자들에게 가치를 낳는 방식으로 사용되는 경향이 있도록 확실히 하는 것이다.

발견 과정으로서의 오스트리아학파 시장 관념은 표준적인 완전 경쟁 모형과 현저하게 대조되는데, 후자는, 인간 선택자들이 미래 소비자 수요들에 관한 불확실성과 불완전한 지식 그리고 그런 수요들을 만족시키는 최상의 방법들과 씨름하는 과정보다는, 균형 최종 상태에 집중한다. 시장 과정은 계속적이고, 계속 진행 중인 발견과 그런 발견에 대응한 자원 재배분을 수반한다. 인간 행위자들은, 그들이 더 낮은 가격에 더 우수한 제품을 생산함으로써 자기들의 경쟁자들을 능가하려고 노력함에 따라, 경쟁 행위에 종사하는 과정에서 지식을 얻는다.

F. A. 하이에크가 말했듯이, 시장 경쟁은, 사람들이 가장 잘 배울

수 있고, 실수를 교정할 수 있으며, 자기들의 욕망을 더욱 충분하게 만족시킬 경제 활동을 조직할 새롭고 더 나은 방식들을 발견할 수 있는, 발견 절차로서 가장 잘 이해된다. 이 견해는 신고전학파 시장 모형들을 떠받치는 완전 지식 가정과 다르다. 오스트리아학파 경제학자들에게는, 시장들의 중심적인 기능은 사람들이 자기들의 목표들을 질서 있는 방식으로 달성할 수 있도록 불확실성과 끊임없는 변화의 세계에서 인간 행동을 조정할 관련 경제 지식을 산출하는 것이다.

6 자생적 질서

공동 복지에 이바지하고 그것의 개발에 극히 중요한 제도들이 어떻게 그것들을 설립하는 데로 돌려진 공동 의지 없이 태어날 수 있을까?
—카를 멩거 (1883), ≪사회 과학 방법의 연구≫: 146.

밤새껏, 눈이 대학 캠퍼스에 내린다. 학생들이 다음 날 아침에 수업에 갈 때, 그들은 젖고 추워지는 것을 피하고자 가능한 가장 짧은 길을 찾는다. 첫 번째 학생은 잔디밭을 가로질러 가서, 눈에 일단의 발자국을 남긴다. 두 번째 학생은 첫 번째 학생을 따라, 첫 번째 학생이 남긴 판판하게 된 눈을 이용한다. 뒤의 학생들이 남이 하는 대로 따라 함에 따라, 잘 규정된 길이 빠르게 나타난다. 이것은 설계가 아니라 합목적적 행동의 결과인 성과, 자생적 질서(spontaneous order)의 예이다. 어떤 단일인도 사람들의 집단도 의식적으로 그 길을 계획하지 않았지만, 각인(各人)이 자기가 젖고 추워질 가능성을 극소화하는 방식으로 수업에 가는 목표를 추구함에 따라 길이 나타났다. 자생적 질서의 개념은 사회 과학들에서 가장 중요한 개념 중 하나이고 오스트리아학파 경제학자들의 연구 전체에 걸쳐 널리 보급되어 있다.

　자생적 질서에 관한 사고의 체계적 전개는 18세기 동안 스코틀랜드 계몽주의 시대 학자들에 의해 이루어졌다. 애덤 퍼거슨, 데이비드

흄, 그리고 애덤 스미스와 같은 사상가들은 한 개인이나 개인들의 집단에 의한 설계나 통제가 없을 때 복잡한 문제들을 해결하고 복합적인 질서들을 발생시킬 메커니즘들이 존재한다는 견해를 인식하였다. 게다가, 이런 질서들의 미묘한 차이와 복합성을 고려하면 그것들은 인간 이성을 사용하여 설계될 수 없었는데, 왜냐하면 그것들은 인간 마음이 파악할 수 있는 것 너머까지 미쳤기 때문이다. 자생적 질서 이론의 중대한 특징은 그것의 작동이 이상적인 인간 모형에 달려 있지 않다는 점이다. 예를 들면, 그것은 사람들이 자비롭거나, 다른 사람을 중시하거나, 그들이 비범한 지능을 소유할 것을 요구하지 않는다. 대신, 자생적 질서의 이론은 사람들을 있는 그대로 받아들이고, 각각 자기 자신의 계획들과 목적들을 추구하고 있는 개인들이 어떻게 사회의 다른 사람들에게 이로운 더 넓은 질서의 발생에 이바지할 수 있는지를 보여준다.

계몽주의 사상가들의 예를 본받아, 카를 멩거(Carl Menger)는 사회과학들에서 중심적인 질문이 사회에 편익을 발생시키는 제도들이 어떻게 그것들을 설계하는 중앙 계획자 없이도 발생할 수 있는지라고 강조했다. 이 질문의 중요성은 오스트리아학파 경제학자들의 연구 전체에 걸쳐 볼 수 있는데, 이들은 인간 문명의 수많은 측면을 이해하는 데 발생적 질서들(emergent orders)의 중요성을 강조한다.

"질서(order)"를 가지고 시작하여, 자생적 질서의 개념이 무엇을 함의하는지를 끌러서 조사해 보자. 우리가 "질서(order)"라는 단어를 사용할 때, 우리는 자기들 자신의 목적들을 추구하고 있는 사람들 사이의 조정을 언급하고 있다. 앞 장들에서 논했듯이, 대부분 사람에게 자기들의 목적들을 달성하는 것은, [역시] 자기들의 목적들을 추구하고 있는, 다른 사람들과의 조정을 수반한다. 이 맥락에서, 질서는 수많은 사람 사이 행동들의 통합으로 이해될 수 있다. 대조적으로, 무질서는 사람들이 자기들의 계획들을 완수하는 데 필요한 방식들로 다른 사람들에 맞추어 조정할 수 없으므로 조정의 결여를 암시한다. 두 유형의 질서가 있다.

계획된 질서(planned order)는 인간 이성을 사용하여 합리적으로 구성되는 질서이다. 하이에크는 이런 유형들의 질서들을 "조직들(organizations)"이라고 불렀다. 조직들은 목적 지향적인데, 이것은 그것들이 특정 의도된 목적이나 목표를 염두에 두고 설계된다는 점을 의미한다. 성문 규칙 집합이 있는 학생 클럽은 설계된 질서(designed club)의 예가 될 것이다. 그 클럽과 그것의 지배 규칙들은 특정 목적을 달성하도록 설계된다. 두 번째 유형의 질서는 자생적이다. 설계되기보다는, 자생적 질서(spontaneous order)는 그것이 자기들 자신의 목적들을 추구하고 있는 사람들의 상호 작용들로부터 의도되지 않은 결과로서 나타난다는 점에서 발생적(emergent)이다. 목적에 따라 움직이는 조직과 대조적으로, 자생적 질서는 수단에 따라 움직인다. 즉, 자생적 질서는, 하나의 규정된 목적을 가진 미리 생각된 계획의 결과라기보다, 사람들이 자기들의 다양한 개인 목표들을 달성하는 데 수단들을 쓴 결과이다.

자생적 질서의 한 예는 앞 장에서 논한 시장 과정일 것이다. 사람들은 자기들의 목적들을 달성하기 위하여 다른 사람들과 상호 작용한다. 그렇게 할 때, 그들은 자기들의 개인 행동들의 의도가 아니었던 더 넓은 질서를 발생시킨다. 시장의 발생적 질서는 설계자에 의해 미리 계획되지 않고 집행되지 않으며, 그래서 그것은 목적 지향적이 아니다. 대신, 질서는 사람들이 자기들이 바라던 개인 목적들을 달성하기 위해 자기들이 이용할 수 있는 수단들을 사용하는 것에서 생긴다.

자생적 질서는 다섯 가지 아주 결정적인 특징을 가지고 있다. 이 특징들을 설명하는 데 시장 과정을 사용하여 각각을 고찰해 보자. 첫째, 그것들은 인간 행동의 결과이지 인간 설계의 결과가 아니다. 이것은 자생적 질서들이 무작위적인 행동의 결과가 아니라는 점을 의미한다. 대신, 그것들은 다수의 개인 각각이 자기들 능력 최대한 자기들의 다양한 목적을 추구하는 의도되지 않은 결과이다. 자기들 자신의 목적들을 추구할 때, 사람들은, 우리가 물러서서 결과에 대해 전국(全局)을 한 눈으로 볼 때 우리가 관찰하는, 더 넓은 질서에 이바지한다.

시장 과정에 관해 생각해 보자. 개인들은 자기들의 목적들을 달성하기 위해 다른 사람들과 상호 작용한다. 이런 상호 작용들은 당사자들에게 직접 이롭지만, 또한 참여자들이 알지 못하는 더 넓은 질서에 이바지하기도 한다. 우리는 물러서서 이 과정의 결과를 볼 수 있고 그것이 낳는 복잡한 질서를 관찰할 수 있다. 예를 들어, 우리가 거리를 두고 생각할 때 어떤 단일의 실체도 식품의 공급을 일상적으로 만드는 조정을 계획하지 않고도 식품이 전 국가들에 널리 풍부하다는 점을 알 수 있다. 혹은 우리는 물러서서 중앙 계획 없이도 수백만의 사람의 행동들을 통해 생산되는 수십만의 제품이 일반 소비를 위해 이용될 수 있게 됨에 따라 슈퍼마켓에 존재하는 질서를 고찰할 수 있다.

둘째, 자생적 질서는 손쉽게 질서로서 서술될 수 있고, 이것은 식별할 수 있는 패턴들이 체제 안 사람들의 상호 작용들로부터 생긴다는 점을 의미한다. 시장 과정의 작동으로 우리는 나타날 패턴들에 관해 대강의 예측을 할 수 있다. 예들을 들면, 재산권들은 교환을 허용하고 후자는 가격들의 발생을 허용한다. 가격들은 희소한 자원들의 대체 관계, 혹은 기회비용을 반영한다. 우리는 또한, 사람들이 가격들의 변화들에 그리고 이윤과 손실이 제공하는 피드백에 반응함에 따라, 자원들이 그것들의 최고 가치 용도들에 계속해서 재배분될 것이라고 말할 수도 있다.

셋째 특징은 자생적 질서들에는 사람들이 다른 사람들과 조정하려고 시도함에 따라 그들의 행동들을 안내하는 데—긍정적일 뿐만 아니라 부정적이기도 한—피드백 메커니즘들이 필요하다는 점이다. 시장들의 맥락에서는, 이윤과 손실이 이 역할에 이바지한다. 이윤과 손실은 인식된 이윤 기회들과 그런 기회들을 이용하기 위해 집행되는 생산 계획들의 실행 가능성에 관해 기업가들에게 피드백을 제공한다. 유한한 화폐 자원들의 형태로서 엄격한 예산 제약은 사람들을 부추겨 이윤과 손실 피드백에 따라 행동하게 하고 그에 따라 자기들의 행동을 조정하게 한다. 만약 그들이 피드백에 직면하여 자기들의 행동을 조정하지 않으면, 그들은 결국 돈이 바닥나고 도산할 것이다.

넷째, 무엇이 적합한 행동인가에 관한 일반적인 행위 규칙들은 자기들의 행동들이 자생적 질서를 낳는 사람들에 의해 지켜진다. 비공식적이거나 공식적일 수 있는 이런 규칙들은 사람들 사이 상호 작용의 틀을 잡고, 생기는 질서의 세목에 영향을 미친다. 시장들은, 상호 작용과 교환을 촉진하고 가격들이 발생할 수 있게 하는, 재산권들에 근거하고 있다. 재산권들을 넘어, 시장들이 작동할 수 있게 하는 광범위한 규칙들이 있다. 예를 들면, 예절과 같은 비공식적인 규범들과 전문직 단체가 정한 기준과 같은 공식적인 규칙들은 사람들 사이에 상호 작용을 촉진하는 데 대단히 중요하다.

마지막 특징은 자생적 질서들이 대단히 복잡하고 미묘하다는 점인데, 이것은 인간 이성을 사용해서는 그것들이 충분히 이해될 수 없다는 점을 암시한다. 이것 때문에, 그 질서에 이바지하는 사람들은 자기들의 공헌이나 더 넓은 질서 그 자체를 이해할 필요가 없다. 시장들의 가장 강력한 측면 중 하나는 자기들이 어떻게 더 넓은 질서 패턴에 이바지하고 있는지 사람들이 알지 못하고 알 필요도 없다는 사실에도 불구하고 시장들이 질서 있는 결과들을 발생시킨다는 점이다. 덧붙여서, 자생적 질서들의 세목을 인간 이성으로 이해할 수 없다는 사실은 이 질서들이 이 질서들을 의도적으로 설계하는 데 인간 마음을 사용하여 달성될 수 있을 것을 훨씬 넘어 미칠 수 있다는 점을 의미한다. 미제스와 하이에크에 의해 사회주의 계산 논쟁에서 명백해졌듯이(제3장을 보라), 사람들이 시장들의 복잡한 결과들을 설계할 수 있는 방법이 없다. 사실상, 시장들은 바람직한데, 그것들이 우리에게 우리가 모르는 것이 무엇인지 발견할 수 있게 해 준다는 바로 그 때문이다.

 시장 과정을 넘어, 자생적 질서의 논리는 우리가 일상생활에서 관찰하는 많은 다른 현상에도 통찰력을 제공한다. 하나의 예가 언어이다. 어떤 단일의 개인이나 개인들의 집단도 언어를 설계하지 않았다. 대신, 언어는 사람들이 상호 작용하고 의사 전달하려고 시도함에 따라 생긴다. 그러므로 언어는 인간 행동의 결과이지 인간 설계의 결과가 아니다. 언어는, 한정할 수 있는 질서를 낳고 사람들이 의사 전달하는 방법을 촉진하는, 넓은 집합의 규칙들—문법 규칙들—에 의해 지배된다. 또한, 사람들이 의사 전달하는 방법을 지배하는 비공식적인 규칙들도 있다. 예를 들어, 공통 언어를 공유하는 사회들의 서로 다른 지역들에서는, 다양한 비공식적인 규칙들이 그 지역의 다른 사람들도 역시 사용하고 이해하는 맥락 특수적인 구절들과 속어의 사용을 지배한다. 언어를 넘어서, 다른 사회 현상들—화폐, 법, 도덕 규범들, 도시들, 그리고 집단 역학과 같은 것들—은 자기들의 기원들을 설계가 아니라 합목적인 인간 행동에까지 거슬러 추적할 수 있다. 각 경우, 자기들 자신의 상황들을 개선하려고 노력하는 개인들은 광범위한 편익들을 가진 더 넓은 질서에 의도하지 않게 이바지한다.

자생적 질서의 인식은 질서가 인간 행동과 설계의 결과여야 한다는 널리 보급된 믿음의 배후에 있는 결함이 있는 사고를 보여준다. 예측 가능성과 질서는 전문가들이 설계하고 집행하는 정책들과 계획들의 결과여야 한다고, 종종 가정된다. 이 시각에서, 특정 사람들에 의한 관찰할 수 있는 통제가 없다는 것은 혼란과 관련되어 있다. 그러나 이런 식의 사고는 복잡한 자생적 질서들과 이 질서들을 설계하고 통제할 인간 이성에 대한 한계들의 중요성을 무시한다.

단순한 맥락들과 복잡한 맥락들 사이에 중요한 구별이 있다. 단순한 맥락들(simple contexts)은 본질상 선형적인데, 이것은 투입들과 성과들 사이에 알려질 수 있고 통제될 수 있는 안정적이고 명백한 원인과 결과가 있다는 것을 의미한다. "단순한(simple)"이라는 용어는 쉽거나 어리석다는 것을 함축하는 것이 아니라, 오히려 인간 마음이 관련 변수들을 파악할 수 있다는 것과 그것들이 어떻게 해야 바람직한 목적을 달성하도록 서로 잘 맞는지 이해할 수 있다는 것을 나타낸다. 사람을 달에 보내는 특정 사항은 인간 이성과 지식을 사용하여 해결될 수 있는 단순한 체제를 구성한다. 마천루의 건설도 마찬가지다. 이것들이 어려운 공학 문제들이지만, 그것들은 유능하고 숙련된 전문가들에 의해 해결될 수 있다.

대조적으로, 복잡한 상황(complex situation)은 끝이 열려 있음과 끊임없는 변화의 특징을 가진 상황이다. 복잡한 체제에서는, 사람들 사이의 상호 작용들은 인간 이성으로 예상되거나 완전히 파악될 수 없는 성과들을 발생시킨다. 복잡한 맥락들에서는 질서는 인간 설계와 통제의 결과가 아니다. 대신, 질서는 자기 자신의 목적들을 추구하는 사람들 사이의 상호 작용들에서 생긴다. 질서가 의도적인 설계와 규제의 결과라는 생각과 반대로, 인간 이성을 사용하여 복잡한 체제들을 계획하고 통제하려고 시도하는 것은 기껏해야 역기능에, 그리고 최악에는 사람들의 복지에 대한 현저한 해(害)에, 이르게 되어 있다.

  이 바람직하지 않은 성과들은, 단순한 맥락들에는 적합하지만 복잡한 체제들에는 적합하지 않은, 계획들을 설계하는 데 부적절하게 인간 이성에 의존한 결과이다. 마천루를 설계하는 것은 수백만의 잠재적인 용도들에 걸쳐 희소한 자원들의 최상 사용을 이해하는 것과 같지 않다. 전자는 의사 전달될 수 있고 건설에 사용될 수 있는 과학적 지식의 사용이 필요하다. 후자는 미리 존재하지 않고 쉽게 의사 전달될 수 없지만, 대신 경쟁적인 시장 과정에서 분산된 행위자들에 의한 상호 작용들에서 생기는, 경제 지식이 필요하다.

  만약 우리의 목적이 인간 세계를 이해하는 것이라면, 우리는 사람들이 자기들의 목적들을 달성하기 위해 서로 조화하는 방법에 집중할 필요가 있다. 이 이해는 자생적 질서들과 그것들이 사회적 협동에서뿐만 아니라 계획된 질서들에 대한 맥락으로서도 행하는 역할을 인식하는 것을 포함한다. 이것은 세계를 있는 그대로 이해하는 데뿐만 아니라 정책을 설계하는 도구로서 인간 이성의 한계들을 인식하는 데도 중요하다. 현실은 인간 생활을 특징 짓는 수많은 자생적 질서의 복잡성에 비해 심지어 가장 훈련이 잘된 전문가의 지능조차도 심하게 제한되어 있다는 점이다. 우리의 제한된 인간 이성에 관한 지식—F. A. 하이에크가 "부정적 지식(negative knowledge)"이라고 부른 것—은 그 자체 우리의 행동들을 안내하고, 설사 그 정책들이 최선의 의도에 따라 움직인다고 하더라도, 해로운 정책들을 피하기 위한 중요한 유형의 지식이다.

 자생적 질서들은 우리가 발생적 현상들의 미묘한 차이들과 복잡성들을 이해하는 것을 돕는다. 그렇게 하는 데서, 이 틀은 혼란스러운 것 같은 얼마나 많은 것들이 그 대신 질서 있지만, 인간 이성이 이해할 수 없는 것들인지를 설명한다. 자생적 질서의 이론으로부터 가장 중요한 테이크어웨이(takeaway · 사서 들고 가는 요리)는 우리의 제한된 이성이, 세계를 충분히 이해하는 것에 대해서뿐만 아니라, 설계가 세계가 어떻게 보여야 하는지에 대한 우리의 욕망과 맞도록 설계에 종사하는 것에 대해서도, 부과하는 제약들에 관한 인식이다.

7 개입주의

반면에, 강제적 개입은 그 자체로는 강제되는 개인이나 개인들이 만약 개입이 없었다면 그들이 지금 하는 일을 하지 않았을 것이라는 점을 나타낸다. 어떤 것을 말하거나 말하지 말도록 혹은 개입자나 어떤 다른 사람과 교환을 하거나 하지 말도록 강제되는 개인은 개입의 결과 효용이 줄어드는데, 왜냐하면 그것의 영향으로 그의 행동이 바뀌었기 때문이다.

―머리 로스버드 (1970), ≪권력과 시장≫: 13

의도가 좋은 정부 정책 결정자들은 저소득 가족들이 우유를 사는 것을 도우려고 시도한다. 젖소의 우유를 더 입수할 수 있게 하도록, 정책 결정자들은 최고 가격제를 부과한다. 최고 가격제는 어떤 제품에 법적으로 부과될 수 있는 최고 화폐 가격에 대한 정부 명령이다.

그러나 우유 생산업자는 정부의 가격 명령 후에 수동적이지 않다. 그들은 가격이 최고 가격제로 확립된 가격 위로 다시 오르도록 허용될 때까지 약간의 우유를 시장에서 거둬들임으로써 자기들의 행동을 최고 가격제에 맞춘다. 이것은 소비자들이 이용할 수 있는 우유의 공급량을 줄이는데, 소비자들은 최초 정부 가격 통제의 의도된 수혜자들이었던 덜 부유한 사람들도 포함한다. 그것이 전부 다가 아니다. 우유의 공급 감소에 직면하여, 소비자들은―두유와 아몬드유(乳) 같은

―우유 대용품들로 이동하는데, 이것은 이런 재화들의 가격 상승에 이르며, 그것들을 사회에서 가장 못사는 사람들이 덜 이용할 수 있게 한다.

이 지점에서, 정부 정책 결정자들은 선택에 직면한다. 그들은 젖소의 우유에 대한 최초의 가격 통제를 제거할 수 있는데, 더 높은 가격으로 유도되어 생산자들이 더 많은 우유를 시장에 내놓음에 따라, 이것은 공급량 증가에 이를 것이다. 대안적으로, 정책 결정자들은 생산자들에 추가적인 규제들을 부과할 수 있다. 예를 들면, 그들은 우유 대용품들을 더 입수할 수 있게 하려는 시도로 이 재화들에도 가격 통제를 둘 수 있을 것이다. 대안적으로, 그들은 젖소의 우유에 대해 최초의 가격 통제를 유지하지만, 보조금을 통해서나 우유 생산의 강제적인 몰수를 통해서 생산자들을 유도하여 공급을 증가시키도록 시도하는데, 후자는 사유 재산을 정부 통제에 이전한다.

이 사고 실험은 개입주의의 문제들을 설명하기 위해 루트비히 폰 미제스가 제출했는데, 개입주의는 정부 정책 결정자들이 자기들의 목적들과 맞도록 경제 활동을 조작하는 시도들을 지칭한다. 이를 위해서는 사적 경제 행위자들의 선호들을 정책 결정자들의 그것들로 대체하는 데 행정 국가의 재량적 권력을 사용하는 것이 필요하다. 우유에 대한 가격 통제의 예로 설명되듯이, 시장에 대한 정부 간섭은 경제 활동에 대해 서로 관련된 다양한 효과를 발생시킨다. 덧붙여서, 정책 결정자들이 의도되지 않은 결과들의 발생에 대처하고 최초의 개입이 바람직한 결과들을 낳게 하려는 후속 시도들은 경제 활동에 대한 더욱더 광범위한 통제에 이르는데, 이것은 시장 과정의 활력을 위협한다. 그 이유를 탐구해 보자.

개입주의는 포괄적이지 않은 계획의 한 형태이다. 그것은, 사회주의하에서처럼, 생산 수단에 대한 소유권을 폐지하지도 모든 경제 활동을 계획하려고 시도하지도 않는다. 그러나 그것은 단편적인 경제 계획을 정말 수반한다. 단편적인 계획하에서는, 정책 결정자들은 시장 과정을 통해 생긴 것을 존재해야 한다고 자기들이 믿는 것에 관한 자기들 자신의 판단들로 대체한다. 그러므로 개입주의의 기초가 되는 암묵적인 가정은 정책 결정자들이 자기들의 목적들을 달성하기 위해 단편적인 계획에 종사하는 데 필요한 경제 지식에 접근할 수 있다는 것이다. 더 구체적으로, 정책 결정자들이 소유하고 있다고 가정되는 세 유형의 경제 지식이 있다.

첫째, 시장에 대한 정부 개입들이 사회 복지를 증진하는 수단으로서 정당화되기 때문에, 정책 결정자들은 시장 대안보다 더 우월한 희소 자원 배분 방법들에 관한 지식을 가지고 있는 것으로 가정된다. 둘째, 개입자들은 끊임없는 변화에 직면하여 개입들을 조정하는 방법에 관한 지식을 가지고 있는 것으로 가정된다. 더 넓은 경제 사정이 바뀌듯이, 심지어 의도가 좋은 개입들의 효능도 바뀔 것이다. 사회 복지를 증진하는 목적을 고려하면, 바뀌는 상황들에 직면하여, 과거의 개입은 끊임없이 수정될 필요가 있을 것이고, 아마도 제거되거나 대체될 필요가 있을 것이다. 이것을 위해 정책 결정자들은 과거의 것들과 다른 상황들에 직면하여 어떻게 가장 잘 기존 규제들을 수정하거나 사회 복지를 증진하는 새 규제들을 도입할지에 관한 지식뿐만 아니라 새로운 사정에 관한 지식도 가지고 있는 것이 필요하다. 셋째, 정책 결정자들은 개입이 없었더라면 무엇이 생겼을지에 관한 지식을 가지고 있는 것으로 가정된다. 어느 결과를 달성하는 데 개입이 필요하다고 주장하는 것은 개입이 없었더라면 같은 결과나, 더욱더 나은 결과가, 미래 기간들에 생기지 않았을 것이라는 점을 함축한다.

이 범주들 각각의 경제 지식을 얻는 데서 정책 결정자들에 대한 주요 제약은 미제스와 하이에크가 사회주의 계산 논쟁 동안 강조했던 지식 문제이다. 시장에 의해 결정되는 가격들과 이윤 및 손실에 의존할 능력이 없으면, 정책 결정자들은 희소한 자원들의 최고 가치 용도들을 알 방법이 없다. 이 무지는 개입들의 최초 설계에 대해 쟁점들을 제기하는데, 왜냐하면 정책 결정자들이 사회 전체에 걸쳐 분산된 행위자들의 암묵적이고 맥락에 특수한 지식을 얻을 방법이 없기 때문이다. 그 결과 그들은 자원들의 배분에 관해, 시장 참여자들과 비교하면, 우월한 지식을 가질 수 없다. 이 똑같은 쟁점은 사정이 바뀜에 따라 개입들을 수정하려는 정책 결정자들의 시도들도 또한 성가시게 한다. 그들이 희소한 자원들의 최상 배분을 결정하는 데 필요한 시간과 장소의 경제 지식을 얻을 수 없으므로, [사정이 바뀜에 따라] 개입들이 사회 복지를 증진하도록 수정되고 조정되도록 확실히 할 방법이 없다.

마지막으로, 시장이 경쟁, 발견, 그리고 변화의 끝이 열려 있는 과정이기 때문에, 개입이 없으면 자발적인 상호 작용과 교환을 통해 무엇이 생겼을지 정책 결정자들이 알 방법이 없다. 이것은 반(反)사실적인 것—즉, 만약 경제 행위자들을 개입 없이 발견과 교환에 종사하도록 내버려 둔다면 생겼을 자생적 질서—보다 우월한 결과를 개입이 낳았는지 아닌지를 정책 결정자들이 결정하는 것을 불가능하게 한다. 사람들이 자원들의 최상 사용을 실험하고 배울 수 있게 하는 환경을 시장들이 창출하기 때문에 시장들이 바람직하다는 점을 상기하라. 정부 정책 결정자들이 시장 과정을 무슨 자원 배분들이 존재해야 하는지에 관한 자기들 자신의 계획들과 판단들로 대체할 때 이 과정은 생략된다.

정책 결정자들이, 인간 마음으로 완전히 이해할 수 없는 복잡한 체제인, 시장 과정에 개입하는 데 제한된 이성과 지식에 의존하므로, 의도되지 않은 결과들이 생긴다. 이 의도되지 않은 결과들은 세 가지 일반적인 범주로 나뉠 수 있다. 첫째는 개입이 없다면 존재할 현재 및 미래 이윤 기회들의 혼란이다. 예를 들어, 진입을 억제하는 정부 교부 면허가 없다면, 기업가들이 추구하는 이윤 기회들이 있을지 모른다. 그러나 이 기업들이 국가 발행 면허를 가지고 있지 않기 때문에, 그들은 그런 기회들을 추구할 수 없다. 이것은 기업가들뿐만 아니라 그들의 제품들로 상태가 더 좋아졌을 고객들의 복지도 감소시킨다. 둘째, 개입들은 종종 부를 증대시키지 않는 새로운 기업가적 활동 기회들을 창출한다. 예를 들면, 기업가들은 규제자들에 영향을 미치는 데 뇌물을 주거나 자원을 투자함으로써 규제들을 피하려고 시도할지 모른다. 이런 행동들은 개개 기업가들에게는 이롭지만, 그것들은 사회에는 해로운데, 왜냐하면 그것들은 소비자들을 만족시키는 것으로부터 대신 정부 개입 결과들을 피하는 것으로 돌려지는 자원들과 기업가적 재능을 나타내기 때문이다. 셋째, 개입주의는 "체제 불확실성(regime uncertainty)"에 이를 수 있는데, 이것은 정부가 개입들에 관계할 때 경제 행위자들이 정부의 미래 조치들을 정확하게 판단할 수 없는 것을 지칭한다. 잘 기능하는 시장 경제는 안정적이고 예측 가능한 규칙들이 필요하다. 그 결과로 나타나는 상대적 확실성은 사람들이 미래를 위해 더 나은 계획을 할 수 있게 한다. 미래는 항상 약간의 불확실성으로 특징 지어져 있지만, 만약 규칙들이 시간에 걸쳐 일정한 채로일 것으로 예상된다면 그 불확실성은 줄어들 수 있다.

이것이 중요한 이유를 이해하기 위해, 오직 십 년이 지난 후에야 이윤을 낳을지 모르는 한 모험사업을 할지 말지 결정하고 있는 기업가의 사고 과정을 고찰해 보자. 만약 그 기업가가 정부가 규칙들을 바꾸어 다음 십 년에 걸쳐 자기의 재산을 몰수할 대단한 가능성이 있다고 믿는다면, 그녀는 투자할 유인이 더 약할 것이다. 대조적으로, 만약 그 기업가가, 기업가들에게 자기 투자들로부터 이윤을 가지게 허용하는, 기존 규칙들이 다음 십 년에 걸쳐서도 여전히 불변일 것이라고 확신한다면, 그녀는 장기 사업에 더 투자할 것 같다. 더 넓은 요지는 개입주의가, 그것이 경제 활동에 대해 예측 불가능하거나 지나치게 성가신 간섭을 초래하는 정도로, 시장 과정의 기업가적 활력에 대해 위협을 제기한다는 점이다.

개입주의에 의해 제기되는 문제들—지식 문제와 의도되지 않은 결과들—의 인식은 표준적인 후생 경제학에 대한 오스트리아학파 비판의 핵심에 있다. 후생 경제학은 자원 배분들이 어떻게 사회 복지에 영향을 미치는지를 연구한다. 정부 개입의 경제학적 근거로서 이바지하는 표준적인 후생 경제학은 선호들과 생산 기법들에 관한 모든 관련 정보가 알려져 있고 주어져 있다는 가정하에 이용할 수 있는 자원들의 최상의 용도를 찾아내는 데 관심이 있다.

그런 상황들 아래에서, 경제 문제는 적합한 목적을 달성하는 데 올바른 수단을 사용하는 단순한 계산 문제이다. 정책의 채택은 사회가 직면하는 정태적 경제 문제를 시장이 얼마나 잘 다룰 수 있는지에 기반을 두고 있다. 시장이 이상에 접근하지 못하는 정도로, 시장은 실패한다고 이야기되고 정부는 개입주의를 통해 경제를 경제 문제의 해결에 더 가깝게 밀도록 요구된다.

오스트리아학파 학자들은 이것이 사회가 직면하는 경제 문제가 아니라고 주장한다. 그 문제는[경제 문제는] 오히려 상호 작용들에서 생기는 분산되고 암묵적인 지식을 발견하고 사용하는 문제이다. 따라서, 주류 경제학이 경쟁 시장을 일종의 슈퍼컴퓨터로 모형화하지만, 오스트리아학파 학자들은 시장을 사회 전체에 걸쳐 분산된 맥락 특수적인(context-specific) 지식을 동원하고 사용하는 수단으로서 본다. 그러므로, 오스트리아학파 학자들이 자유 시장 쪽으로 공유하는 심리적 경향은 자원들을 가치가 부가되는 방식으로 배분하는 데 필요한 다양한 단편(斷片)의 지식을 사용하고 전달하는 이 체제의 효과성에 근거하고 있다.

지식의 분업과 이 지식을 발견하고 사용하는 수단으로서 시장 과정에 대한 강조는 자유롭게 작동하는 시장에 대한 포괄적인 정부 개입과 단편적인 정부 개입 양쪽 다에 대한 오스트리아학파 비판의 핵심이다. 정부가 가격 체제를 계획하거나 규제하는 데 필요한 지식을 얻을 수 없다는 점은 시장 질서에의 개입에 대한 근본적인 경제학적 비판이다. 우리는 이것이 이데올로기적인 시장 찬성론이 아니라, 오히려 희소한 자원들을 인간 복지를 증진하는 방식으로 사용하는 데 필요한 지식의 유형과 그 지식의 원천에 관한 전문 경제학에서의 미묘한 논거라는 점을 두드러지게 하려고 "경제학(economics)"이라는 용어를 강조한다.

오스트리아학파 개입주의 분석은 시장에 대한 개입을 개시하는 책임을 지고 있는 정책 결정자들 쪽에 동기 중 최상의 것을 가정한다는 점을 언급하는 것이 중요하다. 만약 정책 결정자들이 사회에서 가장 못사는 사람들이 주택을 더 이용할 수 있도록 자기들이 임대료 통제를 채택하기로 계획한다고 말한다면, 개입주의 분석은 그들이 말하는 대로 받아들인다. 표명된 목적을 주어진 것으로 받아들일 때, 초점은 제안된 수단—임대료 통제—이 그 정책 결정자들의 목적에 적합한지에 두어진다. 이 가정은 비현실적이지만, 그것은 중요한 편익을 제공한다. 정책 결정 의도들에 관해 최상의 것을 가정함으로써, 오스트리아학파 개입주의 분석은 개입주의 옹호자들에게 극히 유리한 조건들을 부여하여 처리하기 어려운 사건과 교전한다.

    정부 관리들이 공익의 이름으로 진정으로 경제 상태를 개선하려고 시도하는 이 유리한 조건들 아래서조차도, 경제 분석은 경쟁 시장 과정에 간섭하는 것이 종종 공중의 [이익] 향상에 반하는 결과들을 낳는다는 점을 보여준다. 이것은 기본적인 임금 통제와 가격 통제의 문제들에 관한 인식에 국한되지 않고, 대신 시장 과정에 대한 정부 간섭의 모든 영역에 적용된다. 비록 세부 사항들이 사례마다 다를지라도, 일반적인 경제 결과는 같다—개입주의는 경제 행위자들이 경쟁, 발견, 실험, 학습, 그리고 자발적인 교환에 종사할 능력을 단축함으로써 시장 과정의 활력을 서서히 해친다. 이것은 인간 복지에 대해 기대를 거스르는 영향을 미치는데, 이 점은 정책 결정자들이 시장에 대한 개입들을 정당화하기 위해 진술하는 선의의 목적들과 사이가 좋지 않다.

8 경기 순환

불황의 이론이 설명해야 하는 주요 문제는 *왜 갑작스러운 일반적인 무리[群]의 기업 실수들이 있는가?* 하는 것이다. 이것은 어떤 순환 이론에 대해서도 첫 번째 질문이다. 기업 활동은 기업 대부분이 상당한 이윤을 버는 것과 함께 잘 움직인다. 갑자기, 경고 없이, 사정이 바뀌고 기업들의 태반이 손실을 경험하고 있다. 그것들은 예측들에 중대한 실수를 한 것으로 갑자기 드러난다. . . . 대체로 언제나 단지 약간의 사업가만 손실을 겪는다. 태반은 본전치기하거나 이윤을 번다. 그렇다면 거의 모든 기업가가 갑작스러운 손실을 겪을 때 우리는 위기의 기이한 현상을 어떻게 설명할까? 요컨대, 국가의 모든 빈틈없는 사업가가 어떻게 그런 실수들을 함께 저지르게 되었고, 그것들이 왜 모두 이 특정 시점에 갑자기 드러났는가? 이것은 순환 문제의 중대한 문제이다. . . . 순전히 자유롭고 구속받지 않는 시장에서는, 실수들의 무리가 없을 것인데, 왜냐하면 훈련된 기업가들은 모두 동시에 실수를 저지르지 않을 것이기 때문이다. "호황-불황(boom-bust)" 순환은 시장에서 화폐 개입, 특히 기업에 대한 은행 신용 확대로 발생한다.

—머리 로스버드 (1963): ≪미국의 대공황≫: 16

F. A. 하이에크는 빈 대학교로부터 두 개의 박사 학위를 받았다(1921년과 1923년). 자기의 대학교 공부 후에, 하이에크는 자기의 선생, 프리드리히 폰 비저를 통해 루트비히 폰 미제스에 소개되었고, 그들의

공동 연구가 시작되었다. 5년 동안, 하이에크는 한 관청에서 미제스 밑에서 근무했고, 그다음, 1927년에, 그들은 오스트리아 경기 순환 연구소(Austrian Institute for Business Cycle Research)를 공동 창설하였는데, 거기서 그들의 연구는 그 결과가 미제스-하이에크 경기 순환 이론으로 되었다.

오스트리아학파 경기 순환 이론의 기초로서 이바지한 미제스의 초기 연구(≪화폐와 신용의 이론≫, 1912)에 근거하여, 하이에크는 자본 조정의 전문적인 이해뿐만 아니라 신용 정책의 제도적 세목도 다듬기 위해 연구했다. 그는 두 권의 책(≪화폐 이론과 경기 순환≫, 1929와 ≪가격과 생산≫, 1931)을 출판했는데, 이것들은 신용 확대가 경제의 자본 구조에 미치는 효과들을 분석했다. 하이에크는 이 연구를 런던 경제 대학에서 일련의 강의에서 진술했는데, 거기서 그는 큰 찬사를 받았고, 1932년에, 경제학과 통계학 투크 교수(Tooke Professor of Economic Science and Statistics)로 임명되었다.

하이에크의 런던 도착은 20세기 화폐 정책에서 가장 근본적인 논쟁—하이에크-케인스 논쟁—을 점화했다. 존 메이너드 케인스는 1930년에 ≪화폐론(A Treatise on Money)≫을 출판했었는데, 그것에 관해 하이에크는 길고 비판적인 두 부(部)로 된 논평을 썼다. 케인스의 입장에 대해 주요 문제점은 시장 사회에서, 시간을 통해, 계획들과 자본 구조를 조정하는 데서 이자율이 하는 역할을 그가 이해하지 못했다는 점이라고, 하이에크는 주장했다. 미제스-하이에크 경기 순환 이론은 정부 유발 신용 확대들로 야기되는 상대 가격들에서와 자본 구조에서의 왜곡들에 집중하여 불황 동안 일어나는 "실수들의 무리(cluster of errors)"를 이해할 수 있게 함으로써 대안을 제공했다. 이런 면에서, 미제스-하이에크 경기 순환 이론은 시장에 대한 최초의 정부 개입이 일련의 의도되지 않고 바람직하지 않은 결과들을 유발하는 개입주의 역학의 한 설명 예가 된다.

미제스-하이에크 이론의 핵심에 있는 것은 화폐가 중립적이지 않다는 생각이다. 만약 화폐 확대가 실질 가격들에 영향을 미치지 않는다면 화폐는 중립적일 것이다. 예를 들면, 만약 화폐 공급을 두 배로 하는 것이 실질 부가 변하지 않은 상태로 되게 하도록 모든 가격과 임금을 자동으로 두 배로 하는 것에 이른다면 그것은 중립적일 것이다. 사람들의 은행 예금들은 두 배로 될 것이고, 가격들의 실질 구매력이 여전히 같도록 가격들도 두 배로 될 것이다. 대조적으로, 화폐가 중립적이지 않다는 관념은 화폐 확대가 모든 가격과 임금을 동시에 그리고 일제히 올리지 않는다는 점을 강조한다. 대신, 화폐는 주입 지점에서 출발해서 그것이 경제 체제를 통해 침투함에 따라 상대 가격들에서 변화를 일으키며 경제 체제 사이를 밀치고 나아간다. 이 과정은 줄의 뒤에 있는 사람들을 희생시키고 새로 인쇄된 화폐의 이른 수령자들에게 이익을 준다.

가격들이 완전히 적응하기 전에 새 돈을 받는 사람들은, 그들이 구매력 증진이 없는 다른 사람들로부터 자원들을 빼내도록 값을 부를 수 있게 하는, 구매력 증가를 통해 이익을 얻는다. 새 돈을 가장 늦게 받는 사람들은 구매력 감소로 고통받는데, 왜냐하면 가격들이 이미 상향으로 적응되었기 때문이다. 신용 확대로 일어난 상대 가격 변화들은 교환과 생산에 영향을 미치는데, 기업가들이 자기들의 생산 계획들을 하고 수정함에 따라 가격들이 보내는 신호들에 그들이 반응하기 때문이다. 그다음에는, 이 생산 계획들은 자본 구조를, 그리고 궁극적으로는, 무슨 소비재가 생산되는지를 결정한다.

아마도 오스트리아학파 경기 순환론을 이해하는 가장 쉬운 방법은 저금 변화의 결과로서 진정한 경제 확대를 인위적인 정부 유발 신용 호황과 대비하는 것일 것이다. 우선, 사람들이 다른 이자율들에서 기꺼이 저축하는 것(시장의 공급 측면)과 기업가들이 다른 이자율들에서 기꺼이 빌리는 것(시장의 수요 측면)으로부터 생기는 대부 자금 시장을 고찰해 보자. 함께, 대부 자금의 공급과 수요는 시장의 양 측면을 조정하는 이자율로 귀착한다. 이 율은 "자연 이자율(natural rate of interest)"이라고 알려져 있는데, 왜냐하면 그것은 대부 자금의 공급자들과 수요자들의 자발적인 상호 작용들에서 자연적으로 생기는 이자율이기 때문이다.

이자율은 시간을 통한 자원들의 배분을 조정하는 시점 간 가격으로서 가장 잘 이해된다. 그것은 사람들의 "시간 선호(time preference)" 혹은 미래에 대비해 저축하기 위해 현재 소비를 포기하기보다 현재에 기꺼이 소비하는 것을 포착한다. 시장 결정 이자율들은 미래에 소비하기 위해 오늘 저축하려는 소득자들의 욕망과 일치하는 투자 기회들에 기업가들이 착수하도록 대부 자금 시장을 조정하는 기능에 이바지한다. 게다가, 자연 이자율은 전반적인 투자 수준뿐만 아니라 복잡한 자본 구조 안에서 자원들의 배분도 결정한다.

소득자들의 시간 선호가 바뀜에 따라, 그들의 저축 욕망도 바뀐다. 이것은 대부 자금의 시장 이자율에 영향을 미친다. 예를 들어, 새로운 의료 혁신이 기대 수명을 증가시킨다고 가정해 보자. 이것으로 사람들은 자기들의 시간 선호를 낮출 것인데, 이 점은 그들이 현재 자원들을 소비하는 것과 비교하여 미래에 대비해 저축할 선호가 더 강할 것이라는 점을 의미한다. 이러한 시간 선호 변화는 대부 자금 시장에 영향을 미친다. 더 많이 저축할 욕망은 대부 자금의 공급을 증가시킬 것이다. 이것은 두 가지 효과가 있다.

첫째, 대부 자금 공급 증가는 (주어진 대부 자금 수요에 대해) 이자율을 낮출 것이다. 이러한 대부 자금 이자율 하락은 기업가들에게 중요한 신호를 보낸다. 이전에 높은 이자율에서 이윤이 없었던 장기 사업들이 이제는 낮은 이자율에서 이윤이 있다. 둘째, 동시에, 미래에 대비해 더 많이 저축하려는 사람들의 욕망으로 기업들은 이 사업들을 추구하는 데 사용할 자원들을 더 이용할 수 있게 된다. 대부 자금 이자율은 기업가들이 더 장기적이고 더 우회적인 생산 사업들에 투자함에 따라 시점 간 생산 계획들에서 수정을 촉진한다. 이 시나리오에서는 시장 과정이 시간에 걸쳐 경제 행위자들의 진정한 시간 선호들을 반영하도록 이질적이고 다중-특수적인 자본을 조정한다는 점을 주목하라. 이 상황은 유지될 수 있는데, 왜냐하면 생산 계획들이 근본적인 소비자 선호들과 맞기 때문이고, 소비자들이 미래의 소비를 위해 현재의 소비를 포기하기로 했다는 점을 고려하면 또한 기업가적 사업들을 집행하고 완수하는 데 필요한 자원들이 쉽게 이용될 수 있기 때문이기도 하다.

이 상황을 인위적인 정부 유발 신용 호황과 대비해 보자. 중앙은행은 자기가 경제에 주입하는 새 화폐를 창출함으로써 대부 자금 공급을 증가시키기로 한다. 위의 시나리오에서 같이, 이것은 전반적인 대부 자금 공급 증가와 이자율 감소에 이른다. 그러나 중요한 차이점이 있다. 위의 시나리오에서는, 대부 자금 공급 증가와 그에 수반되는 이자율 하락은 소비자들 쪽에서 현재 더 많이 저축하려는 진정한 선호 변화를 반영한다. 대조적으로, 중앙은행에 의해 유발되는 주입은 소비자들의 시간 선호들에서 실제 변화를 반영하지 않는다. 앞의 시나리오에서 같이, 기업가들은 이전에 이윤이 없었던 사업들이 이제 더 낮은 이자율에서 이윤이 있으므로 더 많이 빌림으로써 낮아진 이자율에 반응한다. 생산 계획들은 그에 따라 미래의 소비자들에게 더 많은 재화와 서비스가 이용될 수 있도록 수정된다.

문제는 새로운 더 낮은 이자율이 진정한 소비자 선호들의 정확한 반영이 아니라는 점이다. 즉, 사람들은 중앙은행에 의한 신용 주입 전에 자기들이 그랬던 것과 똑같은 방식으로 소비하고 저축하기를 원한다. 이전의 시나리오에서는, 시장 이자율의 (진정한) 감소는 기업가들이 더 낮은 이자율에서 착수하는 사업을 완성하는 데—소비자들이 오늘 소비를 포기함으로써 저축하기로 함에 따라—자원들을 이용할 수 있게 했다. 신용 유발 시나리오에서는, 이러한 일은 일어나지 않는다. 소비자들의 선호들이 바뀌지 않았기 때문에, 그들은 저금을 통해 추가적인 자원들이 이용될 수 있게 하지 않는다. 사실상, 그 반대 현상이 발생한다. 중앙은행의 자금 주입 결과로 이자율이 떨어짐에 따라, 사람들은 현재 덜 저축하고 더 많이 소비하는 것으로 반응할 것이다. 그 결과는 기업가들의 행동들과 소비자들의 그것들이 불화한다는 점이다.

그 결과로 나타나는 생산 구조 왜곡은 화폐 확대가 경제 사이를 밀치고 나아감에 따라 지탱될 수 없다. 소비자들은 계속해서 소득을 인출하고, 저금과 소비에 대한 자기들의 진정한 선호들을 주장한다. 인위적으로 낮은 이자율은, 기업가들이 이용 가능한 희소 자원들에 서로 입찰함에 따라, 신용 확대 직후 생산자들의 인식들과 비교하여, 결국 저금의 진정한 희소성을 반영하도록 적응한다. 약간의 기업가들에게는 이윤이 있는 것 같았던 사업들은 이제 이윤이 없는 것으로 드러난다.

그러므로 신용 확대와 관련된 "호황(boom)"은 경제의 힘들이 다시 나타나고 이윤이 있는 것으로 인식되었던 투자 기회들이 이윤이 없거나 완성될 수 없다는 점이 명백해질 때 "불황(bust)"에 이른다. 중앙은행의 신용 주입이 일으킨 과오 투자(malinvestment)의 폭로인 불황은 생산 계획들이 경제 행위자들의 진정한 소비 및 저금 선호들과 맞도록 기업가들이 생산 계획들을 수정하는 조처를 함에 따라 자본 재구조화와 재편성의 과정을 수반한다.

미제스-하이에크 경기 순환 이론은 중요한 정책 함의들이 있다. 오스트리아학파 학자가 상대 가격들과 자본 구조에서 왜곡들에 집중하는 것과 대조적으로, 많은 경제학자는 불황의 탓을 총수요 부족에 돌린다. 이 시각에서 불황에 대한 적절한 정책 대응은 정부가 화폐 및 재정 자극의 어떤 혼합을 통해 총수요를 증가시키는 것이다. 오스트리아학파 학자들은 불황에 대한 이러한 정책 대응을 반대하는데, 왜냐하면 그들은 해결책이라 생각되는 이러한 것들을 애초 불행의 근원이라고 보기 때문이다.

불황에 대한 적절한 대응은 기업가들에게, 시장 과정의 작동을 통하여, 자본 구조에서 희소한 자원들을 재배분하고 재편성할 수 있게 하는 것이다. 이러한 재배분 과정은 시간이 들고, 기업 청산, 실업, 그리고 유휴 자원들 같은 현저한 비용들을 부과할 수 있다. 그러나 이런 비용들은 추가적인 화폐 유발 신용을 통해 피할 수 없는데, 왜냐하면 그러한 대응은 그저 자본 구조에 대한 후속 왜곡들만 일으킬 것이기 때문이다. 기껏해야 그러한 정책들은 과거의 신용 유발 왜곡들의 결과들을 새로운 것들을 창출하여 호도함으로써 "뒤로 미룰(kick the can down the road)" 수 있을 뿐이다. 그러나 그것들은 근본적인 쟁점을 해결할 수 없는데, 근본적인 쟁점이란 최초의 시장 개입이 일으킨 희소 자원 오배분이다.

일단 불황이 발생하면 그것에 대한 정책 대응을 논하는 것에 덧붙여서, 오스트리아학파 경제학자들은 또한 애초 불황의 내습을 피하는 방법들도 탐구했다. 이것들은 상대 가격들과 자본 구조에서 왜곡들에 이르는 신용 확대의 가능성을 제한하는 화폐 제도들을 설계하고 개혁하는 것을 포함한다. 그러한 제안들은 "화폐 헌법(monetary constitution)," 화폐를 창출하는 은행들의 능력을 제한하는 일단의 규칙들과 제도적 장치들의 아이디어에 속한다. 화폐 헌법은 실제로 다양한 형태들을 취할 수 있는데, 특정 시간 틀 안에서 창출되는 신용의 양을 제한하는 규칙, 은행들이 화폐를 인쇄하는 능력을 제한하도록 경화에 의한 신용 뒷받침, 혹은 중앙 집권화된 독점 화폐 공급자를 은행들 사이의 경쟁으로 대체함으로써 화폐 창출을 제한할 화폐 경쟁과 같은 것들을 포함할지 모른다.

우리는 미제스-하이에크 경기 순환 이론의 전개와 하이에크가 1930년대에 존 메이너드 케인스와 한 유명한 논쟁에 관한 논의로써 이 장을 시작했다. 이 논쟁의 결과는 무엇이었는가? 케인스는 ≪화폐론≫에 관한 하이에크의 비판의 첫 번째 부분에 관해 하이에크의 책, ≪가격과 생산≫을 비판함으로써 대응했다. 하이에크의 비판의 두 번째 부분이 출판된 후에, 케인스는 대응하지 않기로 하였다. 대신, 그는 자기 관심을 자기의 다음 책, ≪고용, 이자, 그리고 화폐에 관한 일반 이론(The General Theory of Employment, Interest, and Money)≫을 완성하는 데로 돌렸다. 반면에, 하이에크는 자본 이론에 관한 자기의 이해를 다듬기 시작했는데, 왜냐하면 그는 이것이 케인스와 경제학 분야의 나머지 사람들에게 전달할 요점이라고 확신했기 때문이다.

≪일반 이론≫은 1936년에 출판되었고 하이에크는 직접 대응하지 않기로 했다. 이런 결정을 했을 때, 하이에크는 많은 자유 시장 체제 옹호자가 이 세기의 주요 전술적 실수 중 하나라고 여기는 일을 저질

렀다. 케인스의 ≪일반 이론≫은 20세기에 경제 정책에 관해 아마도 가장 영향력 있는 책이 되었을 것이지만, 하이에크는 ≪순수 자본 이론≫ (1941)이 될 프로젝트에 애썼는데, 후자는 그의 책 중 가장 전문적이고 가장 영향력이 없는 책이다. 대공황의 한가운데서 케인스는 하이에크와의 논쟁에 이긴 것으로 간주되었고, 케인스의 경제학은 거시경제학에서 전문적인 담화를 지배하게 되었다.

9 계획 그리고 권력 문제

경제 통제는 다른 것들로부터 분리될 수 있는 인간 생활 한 부문만의 통제가 아니다. 그것은 우리의 모든 목적에 대한 수단의 통제이다. 그리고 수단을 유일하게 통제하는 누구든 또한 어느 목적에 이바지해야 하고, 어느 가치가 더 높이 평가되어야 하며, 어느 것이 더 낮게 평가되어야 하는지도—요컨대, 사람들이 무엇을 믿어야 하고 무엇을 얻으려고 애써야 하는지도—결정함이 틀림없다.

—F. A. 하이에크(1944), ≪노예의 길≫: 92.

앞의 장들에서 논했듯이, 정부 정책 결정자들은 경제 활동을 계획하려는 자기들의 노력에서 불충분한 지식의 문제를 겪는다. 지식은 사회 전체에 걸쳐 분산되어 있고 이 지식의 많은 부분은 암묵적인데, 이것은 그것이 단일의 정책 결정자나 정책 결정자들의 집단에 의해서 의사 전달되거나, 모이거나, 소유될 수 없다는 점을 의미한다. 이 지식 문제는 포괄적인 경제 계획—즉, 모든 경제 활동을 계획하는 것—에 대한 노력과 포괄적이지 않은 계획에 대한 노력—즉, 경제 활동의 측면들을 계획하는 단편적인 노력—양쪽 다에 적용된다. 시장 과정은 시장에 의해 결정되는 가격들과 이윤 및 손실을 길잡이로서 의존하는 기업가들이 희소한 자원들의 최상의 용도를 발견함에 따라 이 지식 문제를 약하게 한다. 정부 계획자들이 필요한 경제 지식을 얻을 수 없는 점은, 사람들이 개입들에 자기들의 행동을 조정한다는 사실과 결합되어, 제7장 처음에 젖소 우유에 대한 가격 통제의 예로 설명되었듯이, 또한 경제 활동을 계획하려는 노력이 일련의 의도되지 않은 결과들에 이를 것이라는 점을 의미하기도 한다. 지식 문제 외에도, 경제 활동의 정부 계획에는 또 하나의 쟁점이 있다. 그것은[경제 활동의 정부 계획은] 재량적 권력을 작은 집단의 정책 결정자들 수중에 중앙 집권화하는 경향이 있다.

이 "권력 문제(Power Problem)"는 F. A. 하이에크와 돈 라보이(Don Lavoie)에 의해 정부 계획에 관한 그들의 저작들에서 강조되었다. 지식 문제와 같이, 권력 문제도 포괄적인 계획과 포괄적이지 않은 계획 양쪽 다에 적용된다. 게다가, 이중의 지식 문제와 권력 문제는 상호 관련되어 있다. 권력 문제는 정책 결정자들이 계획에서 지식 문제에 직면하지만 자기들의 목적들을 달성하기 위해 구체적인 청사진을 개발하고 부과해야 한다는 사실에서 생긴다. 이 이중 문제들 사이의 상호 연결을 탐구해 보자.

개입의 정도와 상관없이, 정부에 의한 경제 계획은 희소한 자원들을 배분하는 방법을 결정하는 시장 과정을 정치 과정으로 대체하는 것을 수반한다. 즉, 계획은 정책 결정자들이 시장에서의 사적 행위자들의 목적과 욕망을 대신 그들의 것들로 대체할 것을 요구한다. 그러므로 정부 계획은 경제 성과들이 정책 결정자들의 비전에 근거하여 어떤 것과 같아야 할지에 관한 모든 것에 우선하는 청사진을 개발하는 것을 수반한다. 시장들에서는, 분산된 의사 결정자들이 가격들(경제 계산)과 이윤 및 손실의 안내를 받아 자기들의 개별 계획들을 개발한다. 이 개별 계획들의 추구는 자생적이면서 어떤 단일의 마음에 의해서도 계획되지 않는 모든 것에 우선하는 질서에 이른다. 시장들에서는, 추구되는 어떤 단일의 목적 계층제도 없고 오히려 개개 선택자들에 의해 추구되는 여러 가지 목적이 있다. 시장들에서는, 모든 소비자가 푸른, 네 개의 문이 있는 세단형 자동차들을 살 필요가 없다. 대신, 시장들은 단일의 계획 실체에 의해 미리 결정되지 않는 다양한 재화들—모든 형태, 크기, 그리고 색깔의 차량이 시장에 나온다—이 발생하는 것을 허용한다.

정부가 경제 활동에 개입할 때 상황은 다르다. 정책 결정자들은 존재해야 한다고 자기들이 믿는 미리 규정된 집합의 목적들을 식별하여야 한다. 누구든지 정부 계획의 바로 그 목적이 시장들에 개입해서 시장 과정과 그것이 발생시키는 자생적 결과들을 계획자들의 미리 결정된 목적들로 대체하는 것이라고 인식할 때 목적들을 미리 규정할 필요는 명백해진다. 예를 들면, 정책 결정자들은 특정 제품이나 서비스가 존재해야 한다거나 존재해서는 안 된다고, 혹은 특정 가격이 부과되어야 한다고 결정한다.

일단 정부 정책 결정자들이 사적 행위자들의 욕망과 목적을 자기들의 비전으로 대체하면, 시장 과정을 통해 발생하는 경제 지식은 왜곡되거나 상실될 것이다. 경제 지식은 미리 결정되고 주어져 있는 것이 아니라는 점을 상기하라. 대신, 이 지식은 경쟁 시장 과정에서 상호 작용들과 실험을 통해서 발생한다. 그러므로 시장 과정을 단축하는 것은 경제 지식이 발견되는 메커니즘을 약하게 한다.

포괄적이지 않은 경제 계획의 예인 단순한 가격 통제의 사례를 다시 고찰해 보자. 이 시나리오하에서는, 시장들은 폐지되지 않는다. 시장 가격들은 여전히 존재하고, 시장 과정은 계속해서 작동한다. 그러나 이 과정은 시장 가격에 대한 정부의 인위적인 최고 한도에 의해 왜곡된다. 시장 가격들을 그렇지 않았더라면 발생할 것으로부터 바꿈으로써 개입은 자원들의 상대적인 희소성에 관한 가격 신호에 포함되어 있는 지식을 왜곡한다. 이것은 사람들이 진정한 근본적인 희소성 상황을 포착하지 않는 조작된 가격 신호에 반응함에 따라 더 넓은 자원 배분 패턴에 불리하게 영향을 미친다. 젖소의 우유에 대한 가격 통제의 사례에 의해 설명되듯이, 최초의 개입으로부터 발생하는 일련의 의도되지 않은 결과들을 설명하는 것은 이 논리이다.

이 의도되지 않은 결과들에 대응하여 정책 결정자들은 두 선택지가 있다. 그들은 최초의 개입을 제거할 수 있는데, 이것은 왜곡들 없이 작동하도록 시장 과정을 자유롭게 할 것이다. 대안적으로, 그들은 이 바람직하지 않은 결과들을 다루도록 의도된 추가적인 정책들을 도입할 수 있다. 그러나 이 두 번째 행동 방침은 정책 결정자들이 경제 활동의 추가적인 측면들에 대해 자기들의 통제를 확대함에 따라 그들의 재량적 권력을 확대할 것을 요구한다는 점을 주목하라.

최초의 개입을 설계하고, 집행하며, 강행하기 위해, 정부 계획자들은 재량적 권력을 행사할 약간의 여지가 필요하다. 정책 결정자들은, 그렇지 않았더라면[규칙들을 부과하지 않았더라면] 발생했었을 것과 다른, 바라는 결과를 얻기 위해 자발적 교환에 종사하는 사인(私人)들에게 규칙들을 부과할 능력이 있을 필요가 있다. 더군다나, 정책 결정자들은 순종을 확실히 하고 일탈 행위들을 처벌하도록 부과된 규칙들을 강행할 수 있어야 한다. 이제, 최초의 개입이 의도되지 않은 결과들로 귀착하고 계획자들이 이 바람직하지 않은 결과들을 다룰 희망으로 추가적인 규칙들을 부과하기로 할 때 무슨 일이 일어나는지를 고찰해 보자. 정책 결정자들은 경제 활동의 다른 영역들에 개입하기 위해 자기들의 권력의 범위를 확대해야 한다. 개입주의의 역학이 암시하듯이, 시장에 대한 단순한 개입들인 것 같은 것조차도, 후속 개입들을 요구하는, 일련의 결과들을 낳을 수 있다. 이런 일이 일어날 때, 이전 개입들의 새롭고 예상치 못한 결과들을 다루도록 계획자들이 추가적인 통제와 영향력을 요구함에 따라, 정부 정책 결정자들의 재량적 권력은 확대된다.

개입주의와 정치 권력 사이의 연결을 인식하는 것은 정부 권력의 남용을 막는 수단으로서 법의 지배에 대한 함의들이 있다. 법의 지배(rule of law)는 자의적인 권력의 남용을 제한하기 위해 정부 행위자들에 대해 미리 결정되고 구속력 있는 규칙들을 요구하는 법적 개념이다. 하이에크가 자기의 1944년 책, ≪노예의 길≫에서 지적했듯이, 정부 정책 결정자들에 의한 경제 계획은 반드시 법의 지배를 위반하는데, 왜냐하면 계획자들은 *사전에* 예상할 수 없는 예견 불가능한 상황을 다룰 재량이 있어야 하기 때문이다. 즉, 계획을 위해서는 이 예견치 못한 상황들이 발생함에 따라 정책 결정자들이 그것들을 다루기 위해 행동할 수 있도록 그들에 대한 제약들에 약간의 느슨함(slack)이 남아 있어야 한다. 이 재량은 법의 지배에 요구되는, 알려져 있고, 예측 가능하며, 안정적인 규칙들과 불화한다. 개입할 필요가 증가함에 따라 확대되는 경향이 있을, 제약들에서의 이러한 느슨함은 정부에 있는 사람들에 의한 권력 남용의 여지를 남긴다.

만약 정치 과정이 정책들을 집행하고 설계할 오직 자비로운 사람들만 선정한다면 (비록 가장 자비로운 정책 결정자들조차도 여전히 지식 문제를 겪을지라도) 권력 문제는 쟁점이 되지 않을 것이다. 그러나 계획의 본질은, 정치의 본질과 결합되어, 이 최상의 결과로 귀착하지 않을지 모른다고 믿을 이유가 있다. 계획이 수반하는 것을 고려하면, 성공적인 관직 추구자들은 자기들의 선호들에 기반을 두고 계획들을 설계하는 것을, 그리고 만약 그들 자신의 자발적인 선택들에 내맡겨

졌더라면 다른 활동들을 추구했을 다른 사람들에게 자기들의 비전을 부과하는 것을, 편안하게 생각할 사람들일 것이다. 하이에크는 단일의, 모든 것에 우선하는 계획에 따라 삶을 조직할 계획자들의 바로 그 욕망이 그 계획자들의 비전에 따라 세계를 통제하고 형성할 권력에 대한 욕망에서 생긴다고 주장했다.

어려운 쟁점은 정책 결정자들이 자기들의 비전을 다른 사람들에게 부과하는 데 편안하게 느낄 뿐만 아니라, 그들이 자기들의 계획들로부터의 일탈 행위들을 처벌하는 데 강압의 위협이나 강압 그 자체를 기꺼이 사용해야 한다고 개입주의가 요구한다는 점이다. 이러한 편안함과 기꺼이 강압에 의존함은, 끝이 열려 있고 변화하는 경제에서 계획에 필요한 정부에 대한 제약들에서의 느슨함과 결부되어, 사인들의 자유들을 위협한다. —전국적인 계획의 사례에서 같이—계획이 더 광범위해짐에 따라, 사회의 최악의 구성원들이 권력 지위들에 오르는 강력한 경향이 있을 것이라고, 하이에크는 주장했다. 그의 예측은, 성공을 위해 국가 수준 계획들을 전 주민에 부과하고 강행하는 것이 필요했던 계획자들에게 필요할 유형의 개인적 성격뿐만 아니라, 더 광범위한 계획 장치를 통제하는 것과 관련된 권력의 더 큰 편익들에도 기반을 두었다. 비록 하이에크가 이 위험이 완전한 경제 계획하에서 더 크다고 믿었다고 할지라도, 모든 형태의 개입을 고찰할 때 이 우려를 인식하는 것이 중요하다. 성공적인 계획이 수반하는 것을 고려하면, 포괄적인 계획과 포괄적이지 않은 계획에서 차이점들은 정도의 문제이지 종류의 문제가 아니다. 그러므로, 강제적 권력의 남용 가능성은, 개입의 유형과 상관없이, 적어도 고려되어야 하는 어떤 것이다.

결합될 때, 지식 문제와 권력 문제는 경제적, 사회적, 그리고 정치적 제도들이 상당히 왜곡될 수 있음을 강조한다. 이 이중 문제의 인식은 오스트리아학파 경제학자들이 시장 과정을 지지하고 시장에 개입할 정부 정책 결정자들의 능력에 대한 명백한 한계를 지지하는 경향이 있는 이유의 한 부분이다. 시장들은 사람들에게 지식 문제를 해결하는 능력을 주는 데 대단히 효과적이다. 동시에, 시장 과정은 사인들의 삶에 대한 정치 권력과 사적 권력 양쪽 다에 대한 중요한 제약으로서 이바지한다. 정치 권력이 제한되는데, 왜냐하면 희소한 자원들을 배분하는 데 시장에 의존하면 정책 결정자들이 할 필요가 있는 경제 결정들의 수가 제한되기 때문이다. 사적 경제 권력도 제한되는데, 왜냐하면 경쟁 시장들은 다툴 수 있기 때문이다. 이것은, 정부 부과 경쟁 장벽들이 없으면, 심지어 가장 잘 확립되어 있고 부유한 기업들조차도 이윤을 벌려고 시도하는 기업가들의 끊임없는 경쟁적 압력들을 받지 않으면 안 된다는 것을 의미한다. 이 경쟁적 압력들은 시장의 한 몫을 얻기를 희망하는, 기존 사업 분야에의 새 진입자들의 형태로나, 전적으로 새로운 재화나 서비스를 도입하는 혁신의 형태로 생길 수 있다.

계획과 관련된 권력 남용으로부터의 잠재적 위협은 F. A. 하이에크가 정부를 억제할 다양한 규칙들을 탐구하는 데 자기 경력의 일부를 쓴 이유이다. 그는 일반성 규범(generality norm)을 제안했고, 이것은 법 앞의 평등 원칙과 불편부당 원칙을 구체화함으로써 법의 지배에 접근했는데, 정책 결정자들이 경제 계획에 종사하는 능력을 제한하기 위해 설계되었다. 그렇게 할 때, 그 규범은 재량을 제한하고 정책 결정자들이 사(私)를 두거나 소수 집단들의 구성원들에게 상당한 비용을 부과하는 것을 막음으로써 또한 잠재적인 권력 남용을 제한하기도 할 것이다. 동시에, 일반성 규범은 기업들이 자신들을 경쟁으로부터 차단하기 위해, 시장 과정의 기초를 위태롭게 하는, 정치적인 아첨을

하는 것을 막음으로써 사적 경제 권력을 제한할 것이다.

  서로 다른 정치 제도들과 정책들을 고찰할 때, 지식 문제와 권력 문제를 인식하는 것은 한 범위의 관련 쟁점들을 끝까지 생각하는 데 중요하다. 정책 결정자들이 자기들의 바람직한 목적을 달성할 필요한 지식이 있다고 가정하는 대신에, 우리는 성공에 필요한 지식과 정책 결정자들이 그 지식에 접근할 수 있는지를 생각할 필요가 있다. 경제 계산에 관한 인식은 시장 과정을 통해 생기는 독특한 지식과 더 나은 성과들을 위해 계획을 세우려고 시도하는 정책 결정자들이 직면하는 지식 문제에 관해 우리의 이해를 예리하게 한다.

  게다가, 정책 결정자들—현재 집권하고 있는 사람들뿐만 아니라 미래에 집권할 사람들도—이 자비롭다고 가정하는 대신에, 우리는 사익과 공익 사이에 일치가 있도록 확실히 하기 위해 그들이 정책들의 설계, 집행, 그리고 강행에서 직면하는 유인들을 연구할 필요가 있다. 이 접근법은 결코 정치 제도들 및 정책들과 관련된 모든 질문에 해답들을 제공하지는 못하지만, 그것은 그 아래에서 살아야 하는 사람들의 복지를 증진하는 제도들과 정책들을 수립하는 것과 관련된 몇몇 주요 쟁점을 정말 해명한다.

10 과거와 현재의 오스트리아학파 경제학

경제 지식의 본체는 인간 문명의 구조에서 필수 요소이다. 그것은 현대 산업주의와 지난 세기들의 모든 도덕적, 지적, 기술적, 그리고 치료적 업적이 의거한 기초이다. 이 지식이 사람들에게 제공하는 풍부한 보물을 그들이 바르게 이용할지 혹은 그들이 그것을 사용하지 않고 내버려 둘지는 그들에게 달려 있다. 그러나 설사 그들이 그것을 최상으로 이용하지 않고 그것의 가르침들과 경고들을 무시하더라도, 그들은 경제학을 폐지하지 못할 것이다. 오히려 그들은 우리의 사회와 인류를 근절시킬 것이다.

―루트비히 폰 미제스(1949), ≪인간 행동≫: 885.

오스트리아학파 경제학은 길고 눈에 띄는 역사가 있다. 이 학파의 회원들은 노벨 경제학상을 받았고, 미국 경제학회의 수훈(殊勳) 회원(Distinguished Fellow)으로 인정되었으며, 영국 학술원(British Academy)에 선출되었고, 주요 경제학회들의 회장으로 봉사했으며, 주요 학술 잡지들을 편집했고, 몇몇 세계에서 가장 명성 있는 대학교들에서 가르쳤다. 이 풍부한 역사를 넘어, 오스트리아학파의 중심 요소들은 경제 이해에 대해 그리고 공공 정책에 대해 오늘날 적실성이 있다.

경제학은 근본적으로 인간 과학인데, 이것은 모든 경제 현상의 연구가 개인들의 목적들과 계획들에까지 추적되어야 한다는 점을 의미한다. 사람들은 일련의 공식적 제도와 발생적 제도에 끼워 넣어지는데, 오스트리아학파 학자들은 인간 상태를 증진하는 장치들을 해명했다. 내 것과 네 것의 묘사를 명확히 함으로써, 재산권들은 교환의 전제 조건이 되는데, 교환은 시장의 범위를 넓게 하고 부의 창출을 증가시키는 것의 기초에 있다. 이 소유권들은 개인들이 자기들의 자원들을 생산적인 방식으로 사용하도록 동기를 부여한다. 상호 이득 기회들의 인식 때문에 추구되는 이로운 교환들은 시장 가격들에 표현되는 교환 조건들의 해결로 귀착한다. 그다음에는, 이 가격들로 경제 행위자들은 소비자들이 소중히 여기는 산출물들을 생산하기 위해 희소한 자본재들을 배분하는 방법을 결정하는 경제 계산에 종사할 수 있다. 이윤과 손실은 기업가들에 대한 중대한 피드백으로서 이바지하고, 그들에게 희소한 자원들의 사용에 관한 그들의 판단들이 소비자들의 욕망을 반영하는지 알려 준다. 경제 행위자들이 희소한 자원들의 대안적인 용도들의 열(列)을 자세히 살펴볼 수 있게 함으로써, 시장 과정은, 일반화된 물질적 진보를 산출하는, 시간을 통한 복합적인 경제 활동 조정을 허용한다.

   시장에 대한 심지어 가장 의도가 좋고 제한된 정부 개입들조차도 문제를 일으키는데, 왜냐하면 그것들이 시장 과정을 왜곡하기 때문이다. 가격들과 이윤 및 손실을 왜곡함으로써 개입들은 기업가들에게 보내는 신호들을 왜곡하고, 이것들은, 그다음에는, 자본 구조와 궁극적으로 생산되는 산출물들에 불리하게 영향을 미친다. 하나의 예는 은행 유발 신용 확대인데, 이것은 이자율을 줄이고, 더 우회적인 생산 과정들의 수익성 인식을 왜곡함으로써 기업가들의 생산 계획들을 바꾼다. 이 개입은 기업가들에게 보내는 경제 신호들을 왜곡하기 때문에, 그것은 기초가 되는 소비자 선호들과 맞지 않는 자원들의 배분으로 귀착한다. 이 과오 투자는, 인위적으로 낮은 이자율의 결과로서, 기업가적 결정들과 실제 소비자 선호들 사이의 접질림 때문에 결국 불황으로 끝난다. 오스트리아학파 경기 순환 이론이 예증하듯이, 시장 과정에 대한 개입들은 인간 복지에 불리하게 영향을 미칠 수 있는 실질 효과들이 있다.

정부 개입에 대한 또 하나의 쟁점은 그것이 정책 결정자들에게 상당한 권력을 부여한다는 점이다. 이 권력이 잠재적으로 선용(善用)될 수 있지만, 그것은 또한 다수를 희생시키고 소수를 이롭게 하는 기회주의적인 행동에 종사하는 데도 사용될 수 있다. 이런 일이 일어날 때, 시장 과정의 바람직한 결과들은, 비록 완전히 부식(腐蝕)되지는 않는다고 할지라도, 기가 꺾이게 된다. 사적 행위자와 정치 행위자의 뒤얽힘인 연고주의(cronyism)는 아마도 이 논리의 가장 적절한 현재 예일 것이다. 사적 행위자들이 정치 엘리트와 파트너가 될 수 있는 곳에서, 그들은 경쟁적 시장 과정을 해치는 장애물들을 세울 수 있다. 이것은 인간 복지에서 광범위한 개선점들을 발생시킬 시장 과정의 능력을 약하게 한다.

경제학의 중심적인 수수께끼는 시장 사회가 어떻게 중앙 명령 없이도 사회적 협동과 경제적 조정을 달성하는가 하는 것이다. 이 수수께끼에 대한 해답은 오스트리아학파 경제학의 주요 교의들에서 발견될 수 있는데, 이것들은 그것들이 처음 소개되었을 때와 마찬가지로 오늘날에도 여전히 적절하다.

추가적인 독서의 제안

오스트리아학파 전통에서 연구하는 학자들의 저작들은 방대하고 다양하다. 아래에는 이 책에 있는 아이디어들에 관해 더 배우는 데 관심이 있는 사람들을 위해 제안된 읽을거리들의 목록이 있다. 목록은 세 절로 나뉘어 있다. 각 읽을거리에 대해 최초 출판 날짜가 실려 있고 각 범주 안에서 읽을거리들은, 가장 이른 것에서 가장 최근 것으로, 연대순으로 조직되어 있다.

  첫 번째는 오스트리아학파 경제학에 대한 유일한 노출이 이 책인 사람들을 위한 제안들을 담고 있다. 두 번째 부분은 이 모노그래프를 넘어 경제학과 오스트리아학파 경제학에 대해 약간의 배경이나 노출이 있는 독자들을 위한 제안들을 담고 있다. 이 절은 오스트리아학파 경제학에 관한 일반 서적들의 목록뿐만 아니라, 주요 오스트리아학파 학자들의 삶과 연구에 대한 맥락을 제공하기 위해, 오스트리아학파 경제학자들의 전기들의 목록도 담고 있다. 세 번째 절은 더 고급 독자에 대한 제안들을 제공하는데, 이 책에서의 장 주제에 따라 분류된다. 이런 식으로 독자는 자기가 흥미롭다고 여기는 특정 주제들에 관해 더욱 심층적인 분석과 논의를 찾아낼 수 있다.

입문자용

Peter J. Boettke. *Austrian School of Economics*. In the Library of Economics and Liberty. <https://www.econlib.org/library/Enc/AustrianSchoolofEconomics.html>.

Randall Holcombe (2014). *Advanced Introduction to the Austrian School of Economics*. Edward Elgar.

중급 독자용

오스트리아학파 경제학자들의 전기

Randall Holcombe, ed. (1999). *15 Great Austrian Economists*. Ludwig von Mises Institute.

Israel Kirzner (2001). *Ludwig von Mises: The Man and His Economics*. ISI Books.

Bruce Caldwell (2004). *Hayek's Challenge: An Intellectual Biography of F.A. Hayek*. University of Chicago Press.

Jörg Guido Hülsmann (2007). *Mises: The Last Knight of Liberalism*. Ludwig von Mises Institute.

오스트리아학파 경제학에 관한 일반 서적

Gerald O'Driscoll (1977). *Economics as a Coordination Problem: The Contributions of Friedrich A. Hayek*. Sheed Andrews and McMeel.

Peter J. Boettke, ed. (1994). *The Elgar Companion to Austrian Economics*. Edward Elgar.

Peter J. Boettke, ed. (2010). *Handbook on Contemporary Austrian Economics*. Edward Elgar.

Robert Murphy (2015). *Choice: Cooperation, Enterprise, and Human*

Action. The Independent Institute.

Gerald O'Driscoll and Mario Rizzo (2014). *Austrian Economics Re-Examined: The Economics of Time and Ignorance*. Routledge.

Peter J. Boettke (2019). *F.A. Hayek: Economics, Political Economy, and Social Philosophy*. Palgrave MacMillan

고급 독자용 (장 주제별)

방법론적 원칙들

Carl Menger (1871/1981). *Principles of Economics*. New York University Press.

Carl Menger (1883/1985). *Investigations into the Method of the Social Sciences*. New York University Press.

Friedrich von Wieser (1927/2003). *Social Economics*. Adelphi.

Ludwig von Mises (1949/2007). *Human Action: A Treatise on Economics* (four volumes). Liberty Fund.

Ludwig von Mises (1957/2005). *Theory and History: An Interpretation of Social and Economic Evolution*. Liberty Fund.

Israel Kirzner (1960/2009). *The Economic Point of View*. Liberty Fund.

Ludwig von Mises (1962/2006). *The Ultimate Foundations of Economic Science: An Essay on Method*. Liberty Fund.

Murray Rothbard (1962). *Man, Economy and State: A Treatise on Economic Principles* (two volumes). D. Van Nostrand.

경제 계산

Ludwig von Mises (1920/1975). Economic Calculation in the Socialist

Commonwealth. Republished in Friedrich A. Hayek, ed., *Collectivist Economic Planning* (Kelley Publishing): 87-130.

Ludwig von Mises (1922/1981). *Socialism: An Economic and Sociological Analysis*. Liberty Fund.

F.A. Hayek (1948). *Individualism and Economic Order*. University of Chicago Press.

Ludwig von Mises (1949/2007). *Human Action: A Treatise on Economics* (four volumes). Liberty Fund.

Don Lavoie (1985). *Rivalry and Central Planning: The Socialist Calculation Debate*. Cambridge University Press.

Jesús Huerta de Soto (1992). *Socialism, Economic Calculation, and Entrepreneurship*. Edward Elgar.

자본 그리고 생산 구조

Carl Menger (1871/1981). *Principles of Economics*. New York University Press.

Eugen Böhm-Bawerk (1884/1890) *Capital and Interest: A Critical History of Economic Theory*. Macmillan.

Ludwig Lachmann (1956). *Capital and its Structure*. Sheed Andrews and McMeel.

Peter Lewin (1999). *Capital in Disequilibrium*. Routledge.

시장 과정

Israel Kirzner (1963). *Market Theory and the Price System*. Van Nostrom.

Israel Kirzner (1973). *Competition and Entrepreneurship*. University of Chicago Press.

Ludwig Lachmann (1977). *Capital, Expectations, and the Market Process*. Sheed Andrews and McMeel.

Israel Kirzner (1992). *The Meaning of the Market Process: Essays in the Development of Modern Austrian Economics*. Routledge.

Esteban Thomsen (1992). *Knowledge and Prices: A Market-Process Perspective*. Routledge.

자생적 질서

F.A. Hayek (1973). *Law, Legislation, and Liberty, Volume 1: Rules and Order*. University of Chicago Press.

F.A. Hayek (2014). *The Collected Works of F.A. Hayek, Volume 15: The Market and Other Orders*. Bruce Caldwell, ed. University of Chicago Press.

개입주의

Ludwig von Mises (1929/2011). *Interventionism: An Economic Analysis*. Liberty Fund.

Ludwig von Mises (1944). *Omnipotent Government: The Rise of the Total State and Total War*. Yale University Press.

Murray Rothbard (1970). *Power and Market: Government and the Economy*. Sheed Andrews and McMeel.

Israel Kirzner (1978). *The Perils of Regulation*. Law and Economics Center, Miami School of Law.

Sanford Ikeda (1996). *Dynamics of the Mixed Economy: Toward a Theory of Interventionism*. Routledge.

경기 순환

Ludwig von Mises (1912/1981). *The Theory of Money and Credit*. Liberty Fund.

F.A. Hayek (1929/1966). *Monetary Theory and the Trade Cycle*. Augustus M. Kelley Publishing.

F.A. Hayek (1931). *Prices and Production*. Routledge.

F.A. Hayek (1941). *The Pure Theory of Capital*. Macmillan.

Ludwig von Mises (1949/2007). *Human Action: A Treatise on Economics* (four volumes). Liberty Fund.

Murray Rothbard (1963). *America's Great Depression*. D. Van Nostrand.

Roger Garrison (2000). *Time and Money: The Macroeconomics of the Capital Structure*. Routledge.

Steven Horwitz (2000). *Microfoundations and Macroeconomics: An Austrian Perspective*. Routledge

계획 그리고 권력 문제

F.A. Hayek (1944). *The Road to Serfdom*. University of Chicago Press.

F.A. Hayek (1960). *The Constitution of Liberty*. University of Chicago Press.

Don Lavoie (1985). *National Economic Planning: What is Left?* Ballinger.

지은이들에 관해

크리스토퍼 J. 코인(Christopher J. Coyne)은 조지 메이슨 대학교 경제학 교수이고 머케이터스 센터(Mercatus Center)의 철학, 정치학, 및 경제학 고등 연구를 위한 F. A. 하이에크 프로그램(F.A. Hayek Program for Advanced Study in Philosophy, Politics, and Economics) 부(副)이사이자 머케이터스 센터 F. A. 하퍼 경제학 교수(F.A. Harper Professor of Economics)이다. 그는 조지 메이슨 대학교에서 박사 학위를 받았다. 그는 *The Review of Austrian Economics*와 *The Independent Review*의 공동 편집인이다. 그는 또한 *Public Choice*의 서평 편집인으로도 봉사한다. 코인 교수는 *Tyranny Comes Home: The Domestic Fate of U.S. Militarism* (2018, Stanford University Press); *Doing Bad by Doing Good: Why Humanitarian Action Fails* (2013, Stanford University Press); *Media, Development and Institutional Change* (2009, Edward Elgar); 그리고 *After War: The Political Economy of Exporting Democracy* (2007, Stanford University Press)의 저자 혹은 공저자이다. 그는 또한 *In All Fairness: Liberty, Equality, and the Quest for Human Dignity* (2019, Independent Institute); *Exploring the Political Economy and Social Philosophy of James M. Buchanan* (2018, Rowman & Littlefield); *Interdisciplinary Studies of the Market Order: New Applications of Market Process Theory* (2017, Rowman & Littlefield); *Future: Economic Peril or Prosperity?* (2016,

Independent Institute); *The Oxford Handbook of Austrian Economics* (2015, Oxford University Press); 그리고 *The Handbook on the Political Economy of War* (2011, Edward Elgar) 의 공동 편집인이기도 하다. 덧붙여서, 그는 수많은 학술 논문, 북 챕터 (book chapters), 그리고 정책 연구를 썼고, 2016에는 조지 메이슨 대학교의 강의 우수상(Teaching Excellence Award)을 받았다.

피터 J. 뵛키(Peter J. Boettke)는 조지 메이슨 대학교 경제학 및 철학 교수이고, 또한 머케이터스 센터의 철학, 정치학, 및 경제학 고등 연구를 위한 F. A. 하이에크 프로그램의 이사이자 머케이터스 센터의 자본주의 연구를 위한 BB&T 교수이기도 하다. 그는 조지 메이슨 대학교에서 박사학위를 받았다. 수많은 책과 논문의 저자로서, 뵛키 교수는 확대된 시장 질서를 통해 행동하는 개인들이 어떻게 사회의 자유와 번영을 촉진할 수 있는지 그리고 제도적 장치들이 어떻게 지속적인 경제 발전에 이르는 개인 선택들을 형성하거나, 보강하거나, 방해하는지에 관한 이해를 확대하는 강건한 정치 경제학 연구 프로그램(robust political economy research program)을 전개했다. 그가 가장 최근에 출판한 책들은 *F. A. Hayek: Economics, Political Economy and Social Philosophy*; 폴 앨리지카 (Paul Aligica) 및 블래드 타르코(Vlad Tarko)와 공저한 *Public Governance and the Classical Liberal Perspective*; 그리고 *The Four Pillars of Economic Understanding*을 포함한다. 뵛키 교수는 수많은 학술 잡지와 책 시리즈의 편집자인데, 이것들은 *Review of Austrian Economics*, *Journal of Economic Behavior & Organization*, 그리고, 그중에서도 특히, 케임브리지 대학교 출판부와의, 책 시리즈, *Cambridge Studies in Economics, Choice, and Society*를 포함한다. 그는 남부 경제학회(Southern Economic Association) 회장, 2015-2017; 몽 펠르랭 소사이어티(Mont Pelerin Society) 회장, 2016-2018; 사기업 교육 협회 회장(Association of Private Enterprise Education), 2013-2014; 그리고 오스트리아학파 경제학 개발 협회 회장(Society for the Development of Austrian Economics), 1999-2001으로 봉사했다. 2013에, 그는 세계 학제 간 제도 연구 네트워크(World Interdisciplinary Network for Institutional Research)의 창립 명예 회장 및 명예 회장이 되었다.

감사의 말씀

지은이들은 이 프로젝트의 관대한 지원에 대해 롯데 및 존 헥트 기념 재단(Lotte & John Hecht Memorial Foundation)에 감사를 드립니다. 그들은 또한 초기판들에 대해 격려하고 피드백해 주신 데 대해 돈 부드로(Don Boudreaux)와 제이슨 클레멘스(Jason Clemens)에게도 감사를 드립니다.

출판사의 감사 말씀

프레이저 연구소(Fraser Institute)는 ≪본질적인 하이에크(Essential Hayek)≫(2015)와 ≪본질적인 애덤 스미스(Essential Adam Smith)≫(2018)를 지원해 주신 데 대해 롯데 및 존 헥트 기념 재단에 감사를 드리는데, 후자는 본질적인 학자들 시리즈(Essential Scholars series)의 확대를 위한 기초를 확립하였습니다. 우리는 본질적인 학자들 시리즈에서 이 책을 지원해 주신 데 대해, 롯데와 존 헥트 기념 재단과 함께, 또한 존 템플턴 재단(John Templeton Foundation)에도 감사를 드립니다.

출판 정보

배포: 이 연구소의 출판물들은 <http://www.fraserinstitute.org>에서 PDF(Portable Document Format)로 이용할 수 있고 Adobe Acrobat Pro®나 Adobe Acrobat Reader®, 버전 8/9나 이후 버전으로 읽을 수 있습니다. 가장 최근 버전인 Adobe Acrobat Reader DC®는 Adobe Systems Inc.로부터 <http://get.adobe.com/reader/>에서 무료로 이용할 수 있습니다.

출판물 주문하기: 프레이저 연구소의 인쇄 출판물을 주문하는 것과 관련된 정보에 대해서는, e-mail: sales@fraserinstitute.org이나 전화: 604.688.0221 내선 580 혹은, 수신자 부담, 1.800.665.3558 내선 580을 통해 publications coordinator와 접촉하십시오.

매체: 매체 문의에 대해서는, 전화 604.714.4582나 communications@fraserinstitute.org을 통한 이메일에서 우리의 Communications Department와 접촉하십시오.

Copyright ⓒ 2020 by the Fraser Institute. 저작권 소유. 비판 논문들과 논평들에서 구체적으로 표현된 짧은 인용문들의 경우를 제외하고는 이 책의 어떤 부분도 서면 허가 없이는 어떤 방식으로든 복제를 금합니다.

ISBN 978-0-88975-629-8

인용: Christopher J. Coyne and Peter J. Boettke (2020). *The Essential Austrian Economics*. Fraser Institute.

프레이저 연구소를 후원하기

프레이저 연구소를 후원하는 방법을 알기 위해서는, 아래의 방법으로 접촉하십시오.

- Development Department, Fraser Institute,
  Fourth Floor, 1770 Burrard Street,
  Vancouver, British Columbia, V6J 3G7 Canada
- 전화, 수신자 부담: 1.800.665.3558 내선 586
- e-mail: development@fraserinstitute.org

목적, 자금 조달, 그리고 독립

프레이저 연구소는 유용한 공공 서비스를 제공합니다. 우리는 현행 공공 정책들의 경제적 및 사회적 효과들에 관해 객관적인 정보를 전하고, 우리는 삶의 질을 향상할 수 있는 정책 선택지들에 관해 증거에 기반을 둔 연구와 교육을 제공합니다. 본 연구소는 비(非)영리 조직입니다. 우리의 활동들은 자선적 기부, 제한 없는 조성금, 입장권 판매, 그리고 이벤트로부터의 후원, 대중 유통을 위한 제품들의 허가, 및 출판물의 판매에 의해 자금이 조달됩니다.

모든 연구는 외부 전문가들의 엄밀한 심사를 받아야 하고, 연구소의 이사회 및 그것의 기부자와 독립되어 수행되고 출판됩니다. 저자들이 표현한 의견들은 그 개인들 자신의 것들이고, 반드시 연구소나, 그것의 이사회나, 그것의 기부자들과 후원자들이나, 그것의 직원들 의견들을 반영하는 것이 아닙니다. 이 출판물은 프레이저 연구소, 그것의 이사들, 혹은 직원이 어떤 법안이든 지지하거나, 그 통과를 반대한다는 것을, 혹은 그들이 어떤 특정 정당이나 후보든 지지한다는 것을 절대 함축하지 않습니다.

더 나은 공공 정책을 통해 사람들의 삶을 향상하기를 바라는 동포들 사이 공개 토론의 건전한 일부로서, 연구소는 우리가 출판하는 연구에 관해 증거에 집중한 정밀 조사를 환영하는데, 이것은 자료원의 확인, 분석적 방법의 반복, 그리고 정책 권고의 실제 효과에 관한 이성적인 토론을 포함합니다.

프레이저 연구소에 관해

우리의 사명은 캐나다 사람들, 그들의 가족, 그리고 미래 세대들을 위해 삶의 질을 향상시키는 것인데, 정부 정책들, 기업가 정신, 그리고 선택이 그들의 복지에 미치는 효과들을 연구하고, 측정하며, 널리 의사 전달함으로써 그렇게 합니다.

동료 심사—우리 연구의 정확성을 확인하기

프레이저 연구소는 자기의 연구에 대해 엄격한 동료 심사 과정을 유지합니다. 프레이저 연구소에 의해 수행되는 새 연구, 주요 연구 프로젝트들, 그리고 실질적으로 수정된 연구는 적어도 한 명의 내부 전문가와 두 명의 외부 전문가에 의해 심사됩니다. 심사자들은 다루는 주제 영역에서 인정된 전문 지식을 가지고 있을 것으로 기대됩니다. 가능할 때는 언제든지, 외부 심사는 맹검(盲檢) 과정(blind process)입니다.

    논평들과 콘퍼런스 논문들은 내부 전문가들이 심사합니다. 이전에 심사된 연구에 대한 갱신이나 이전에 심사된 연구의 새 판은 그 갱신이 방법론에서 실질적이거나 중요한 변경을 포함하고 있지 않은 한 심사되지 않습니다.

    심사 과정은 연구소가 출판하는 모든 연구가 적합한 동료 심사를 통과하도록 확실히 하는 책임을 지고 있는 연구소 연구부들의 이사들이 감독합니다. 만약 연구소의 동료 심사 과정 동안 심사자들의 추천에 관해 분쟁이 일어난다면, 연구소는 캐나다, 미국, 그리고 유럽 출신 학자들의 패널인 편집 자문 위원회(Editorial Advisory Board)를 가지고 있는데, 연구소는 말다툼을 해결하는 데 그것에 도움을 구할 수 있습니다.

편집 자문 위원회

위원

테리 L. 앤더슨 교수 (Prof. Terry L. Anderson)
로버트 배로 교수 (Prof. Robert Barro)
장-피에르 상티 교수 (Prof. Jean-Pierre Centi)
존 챈트 교수 (Prof. John Chant)
베브 다비 교수 (Prof. Bev Dahlby)
어윈 다이워트 교수 (Prof. Erwin Diewert)
스티븐 이스턴 교수 (Prof. Stephen Easton)
J.C. 허버트 에머리 교수 (Prof. J.C. Herbert Emery)
잭 L. 그라낫슈타인 교수 (Prof. Jack L. Granatstein)
허버트 G. 그루벨 교수 (Prof. Herbert G. Grubel)
제임스 고트니 교수 (Prof. James Gwartney)
로널드 W. 존스 교수 (Prof. Ronald W. Jones)
제리 조던 박사 (Dr. Jerry Jordan)
로스 맥키트릭 교수 (Prof. Ross McKitrick)
마이클 파킨 교수 (Prof. Michael Parkin)
프리드리히 슈나이더 교수 (Prof. Friedrich Schneider)
로런스 B. 스미스 교수 (Prof. Lawrence B. Smith)
비토 탄지 박사 (Dr. Vito Tanzi)

과거 위원

아르먼 앨치언 교수 (Prof. Armen Alchian)*
마이클 블리스 교수 (Prof. Michael Bliss)*
제임스 M. 뷰캐넌 교수 (Prof. James M. Buchanan)* †
프리드리히 A. 하이에크 교수 (Prof. Friedrich A. Hayek)* †
H.G. 존슨 교수 (Prof. H.G. Johnson)*
F.G. 페넌스 교수 (Prof. F.G. Pennance)*
조지 스티글러 교수 (Prof. George Stigler)* †
앨런 월터트 경 (Sir Alan Walters)*
에드윈 G. 웨스트 교수 (Prof. Edwin G. West)*

* 사망; † 노벨상 수상자

옮긴이 후기

이 역서는 Christopher J. Coyne and Peter J. Boettke, *The Essential Austrian Economics*, Fraser Institute, 2020을 번역한 것이다. 코인 교수와 뵛키 교수는 이 책에서, 통상의 대학에서 가르치는 경제학과 다른, 오스트리아학파 경제학에 관해 핵심 주제 8개를 요약적으로 잘 설명하고 있다. 이것들은 방법론적 개인주의, 경제 계산, 자본 구조, 시장 과정, 자생적 질서, 개입주의, 경기 순환, 그리고 권력 문제이다. 핵심 주제들을 지은이들이 요약적으로 잘 설명하고 있기 때문에, 옮긴이가 또다시 요약할 필요는 없을 것이고, 대신 이 옮긴이 후기에서는 간접적으로는 이 책과 관련되지만 직접적으로는 개인적인 면이 강한 이야기들을 하고자 한다.

우선 뵛키 교수에 대해서는, 옮긴이는 그가 450페이지에 걸쳐 빽빽하게 쓴 ≪살아 있는 경제학: 어제, 오늘, 그리고 내일(Living Economics: Yesterday, Today, and Tomorrow)≫을 대단히 좋아한다. 옮긴이는 이 책을 통해 뵛키 교수가 '제대로 된 경제학'에 얼마나 해박한 지식이 있는지 알고 놀랐고, 그가 얼마나 경제학을 좋아하는지, 그 애정에 감동하였다. 장황한 각주까지 힘들게 일독하였는데, 더 읽을 생각이고, 누구에 의해서든 꼭 이 책이 번역되었으면 하는 소망이 있다.

옮긴이가 뵛키 교수를 처음 만난 것은 2004년경이다. 연구년으로 조지 메이슨 대학교 공공선택 연구 센터에 있는 동안, 아직 오스트리아학파 경제학을 잘 모르던 때이지만, 조지 메이슨 대학교 경제학과가 공공선택론 말고도 오스트리아학파 경제학(과 실험 경제학)으로 유명하다고 들었기 때문에, 뵛키 교수의 대학원 수업을 청강한 적이 있었다. 읽을거리가 학생들에게 매주

몇 권씩 부과되는 것을 보고 놀랐고 뵛키 교수의 정열적인 강의와 학생들의 활발한 토론에 주눅이 들었다. 아울러 학생들에게서 독서할 시간을 빼앗는 한국식 교육 체계의 문제점을 인식하는 계기도 되었다.

그때 코인 교수가 (학생으로서) 그 수업에 있었는지 옮긴이는 모른다. 크리스토퍼 코인이 조지 메이슨 대학교로부터 2003년에 석사 학위를, 2005년에 박사 학위를 받았기 때문에 그 수업에 있었을 가능성도 있지만, 알 수는 없다. 코인 교수가 쓴 논문이나 책을 읽어 본 경험으로 알게 된 것은 그가 쓴 글이 내용이 참신함은 물론이고 그가 차근차근 이해하기 쉽게 글을 쓴다는 점이었다. 그의 글을 읽을 때는 그가 이야기하고 있는 내용이 머릿속에 그려지는 느낌을 옮긴이는 느꼈다. 옮긴이는 그의 ≪선행으로 나쁜 짓 하기: 인도주의적인 조치가 실패하는 이유(Doing Bad by Doing Good: Why Humanitarian Action Fails)≫를 좋아한다.

지은이에 대해서는 이만하고, 지은이들이 오스트리아학파 경제학의 본질이라고 여기는 것 중 하나와 관련되면서, 직접적으로 경제 문제와 관련된 것은 아닌 것 하나를 다루기로 한다. 그것은 언어에서의 자생적 질서에 관한 것인데, 본 역자의 번역 문제와 관련이 있다.

역자는 1994년부터 번역을 해 오면서 원문에 충실한 정확한 번역을 기본 방침으로 삼아 왔다. 그래서 예를 들면, "I do have a book,"을 "나는 책을 정말 가지고 있다."는 식으로 강조 동사 do도 빼지 않고 꼭 번역해 주었다. 그러나 이렇게 정확한 번역을 한다는 원칙을 고수하다 보니 번잡한 문제가 생기기도 했다. 특히 옮긴이를 끊임없이 괴롭혔던 어려운 문제 중 하나는 영어에서의 복수 문제를 어떻게 처리할 것인가였다. 영어에서 단수와 복수를 엄격히 구분하는 것과 달리 우리는, 복수를 쓰기는 할지라도, 많이 쓰지 않고 복수 어미 "들"에 친숙하지 않기 때문이다.

처음에는 복수는 다 번역해 주었다. 번거롭고 어색하기는 하지만, 그렇다고 일률적으로 단수로 바꾸면 종종 더 큰 문제가 나타났기 때문이다. 예를 들어, 복수를 단수로 번역하면 이어지는 문장에서 they가 나타나는 경우 "그들," "그것들"을 "그," "그것"이라고 신경을 써서 고쳐야 하는 문제가 있었다. 또, 지은이가 복수로 이야기할 생각인데, 번역에서 구별하지 않는 경우 단수인지 복수인지 알기 어려운 경우도 큰 문제였다. 그렇지만 "들"이 많이 나오면 읽기가 불편하고 어색함도 무시할 수 없었다. 그래서 줄일 수만 있으면 줄이는 것이 좋겠는데, 어떤 기준으로 줄이는 것이 좋을지 방법이 생각나지 않았다.

그러다가 2019년인가 옮긴이에게 하나의 생각이 떠올랐다. "두 명의 학자들, 몇 개의 요소들, 여러 가지 사례들"처럼 가산명사 복수라는 것을 확실히 알 수 있는 경우에는 "들"을 붙이지 않아도 복수라는 것을 알 수 있겠구나 하는 생각이 들어서, "들"을 붙이지 않았다. 이런 것들은 차츰차츰 늘어났다. 예를 들자면, "수많은," "일단의," ".. 중 하나," 등이다.

그러나 "모든 X," "많은 Y," "대부분 Z," 등은 어떻게 할 것인가? 이들의 말 뒤에는 가산명사도 뒤따를 수 있고 불가산명사도 뒤따를 수 있기 때문이다. 예를 들면, all X는 단어 X를 하나하나 세어 복수로 본 경우일 수도 있고 불가산명사 X 전체라는 뜻도 있는데, "들"을 떼게 되면 이 둘 중 어느 의미인지가 불분명하게 된다. 그래서 처음에는 "들"을 떼지 않았고, 그래서 복수인 경우 "들"이 붙게 되었다. 우리말의 "많은"은 가산명사 "many"인지 불가산명사 "much"인지 알 수 없어 "들"을 가지고 구분해 주었다. "대부분"도 마찬가지여서, 가산명사뿐만 아니라 불가산명사도 수식한다. 그래서 이런 경우들에는 "들"을 떼지 않았다. 또한, 우리말로야 "모든"이지만, 영어로는 all, every로 구분되어 하나는 복수로 취급하고 다른 하나는 단수로 취급하는 경우, "all scholars"는 "모든 학자들"로, "every scholar"는 "모든 학자"로 하였다. 옮긴이가 옮긴이의 역서에서 이런 말들을 만나게 되면 옮긴이는 그 원문이 무엇인지, all인지 every인지 알 수 있다. 그렇지만, 아마 독자 중에는, 어떤 때는 "모든 학자들"로 어떤 때는 "모든 학자"로 번역되어 왜 일관성이 없는지 궁금해할 수도 있었을 것이다.

그러다가 한글 2020을 2021년 1월부터 사용하면서 "모든," "많은," 등의 수식어가 붙는 경우 복수 명사에 "들"을 붙이면 자꾸 빨간 밑줄이 그어지는 것을 발견했다. 이런 수식어들과 관련해서 "들"을 빼면 위에서 언급한 문제들이 있지만, 그 프로그램은 그렇게 처리하고 있었다. 어떻게 해야 하나? 고민 끝에 옮긴이는, 설사 다소의 문제가 있다 하더라도, 한글 2020 프로그램의 기준을 따르기로 하였다. 뒤따르는 명사가 복수 가산명사인지, 불가산명사인지 많은 경우 독자가 판단할 수 있을 것이라는 생각도 들었고, 또한, 많은 독자에게는 이런 개념이 별로 중요하지 않을 수도 있다고 생각되었기 때문이다.

본문에서 본(p. 53) 눈 내린 대학 캠퍼스에서 아침 일찍 학생들이 수업에 들어갈 때 만들어지는 눈 위의 발자국에 비유하면, 개인 필자, 문화일보, 국립국어연구원, 등이 앞서거니 뒤서거니 낸 발자국을, 한글 2020이 따라가고, 본 옮긴이가 비슷하게 따라가고 있다. 이렇게 만들어지는 자생적 질서의 눈 발자국이 괜찮으면, 다른 사람들이 그 위로 많이 다닐 것이다. 옮긴이로서도 처음에는 다소 다른 길을 가다가 이것이 편하고 유용하다고 여겨 이 길을 따랐다. 아마 많은 사람[들]이 이 길을 따라갈 것 같은데, 가다가 진구렁이 있으면 다른 길로 갈 수도 있을 것이다. 그런 식으로 자생적 질서가 형성될 것이지만, 앞으로 그 결과의 구체적인 모습이 어떻게 될지 누구도 알 수 없고, 그 모습이 불변으로 고정되어 있지도 않을 것이다.

마지막으로, 이 책의 번역 출판과 관련하여, 흔쾌히 번역 출판권을 주신 캐나다의 프레이저 연구소(Fraser Institute)와 동 연구소의 선임 편집인 크리스틴 맥카혼(Kristin McCahon) 그리고 인디자인(InDesign) 파일을 주신 제작 편집인 린지 토머스 마르틴(Lindsey Thomas Martin)에게 감사드린다.

2021년 2월 28일

옮긴이에 관해

황수연은 진주고등학교와 서울대학교 경영학과를 졸업하고 서울대학교 행정대학원에서 행정학 석사와 박사 학위를 받았다. 경성대학교 행정학과 교수를 정년퇴직하였으며, 한국하이에크소사이어티 회장을 역임하였다. 한국개발연구원(KDI) 연구원과 경성대학교 재직 중 애리조나 대학교 경제학과 [1991(풀브라이트 교환학자), 1997년], 조지 메이슨 대학교 공공선택 연구센터(2004년) 그리고 플로리다 주립대학교 경제학과 및 스타브로스 센터(2013년)에서 교환 교수로 연구하였다. 공공선택론, 오스트리아학파 경제학, 시장 경제, 그리고 자유주의 분야의 책을 다수 번역하였다. 또한 미제스 연구소의 미제스 와이어를 번역 보급하는 일에도 동참하고 있다. 오스트리아학파 경제학과 관련된 역서로는 ≪자유주의로의 초대≫ (보어즈 지음) (공역), ≪관료제≫ (미제스 지음), ≪간결한 경제학 길잡이≫ (콕스 지음), ≪경제 모형과 방법론≫ (홀콤 지음), ≪대중을 위한 경제학≫ (캘러헌 지음) (공역), ≪루트비히 폰 미제스 입문≫ (버틀러 지음), ≪시장은 어떻게 작동하는가≫ (커즈너 지음), ≪오스트리아학파 경제학 입문≫ (버틀러 지음), ≪기업가 정신과 경제적 진보≫ (홀콤 지음), ≪번영의 생산≫ (홀콤 지음), 그리고 ≪시장의 재도입≫ (켈리 지음) (공역)이 있고, 피터 뵛키가 한 장을 쓴 ≪초보자를 위한 자유의 길잡이≫ (웰링스 편) (공역)가 있다.

옮긴이 **황수연**이 낸 역서(공역 포함)

≪득표동기론: 공공선택론 입문≫ (고든 털럭)
≪현대 정치 경제론≫ (브루노 S. 프라이)
≪국민 합의의 분석: 입헌 민주주의의 논리적 근거≫(제임스 M. 뷰캐넌과 고든 털럭)
≪동물 사회의 경제학≫ (고든 털럭)
≪새 연방제론: 지방자치의 공공선택론≫ (고든 털럭)
≪게임 이론: 개념과 응용≫ (프랭크 저게리)
≪사적 욕망과 공공 수단: 바람직한 정부 범위에 관한 경제학적 분석≫ (고든 털럭)
≪지대 추구≫ (고든 털럭)
≪합리적 투표자에 대한 미신: 민주주의가 나쁜 정책을 채택하는 이유≫ (브라이언 캐플런)
≪공공재, 재분배 그리고 지대 추구≫ (고든 털럭)

≪득표 동기론 II: 공공 선택론의 이해≫ (고든 털럭)
≪자유주의로의 초대≫ (데이비드 보어즈)
≪관료제≫ (루트비히 폰 미제스)
≪전제 정치≫ (고든 털럭)
≪간결한 경제학 길잡이≫ (짐 콕스)
≪복지, 정의 그리고 자유≫ (스콧 고든)
≪도시 정부의 이해: 대도시 개혁의 재고≫(로버트 L. 비시와 빈센트 오스트롬)
≪경제 모형과 방법론』(랜들 G.홀콤)
≪공공선택론 입문』 (에이먼 버틀러)
≪대중을 위한 경제학: 오스트리아학파 입문≫ (진 캘러헌)

≪미국의 외교 문제: 간결한 역사≫ (고든 털럭)

≪루트비히 폰 미제스 입문≫(에이먼 버틀러)

≪시장은 어떻게 작동하는가: 불균형, 기업가 정신 그리고 발견≫ (이즈리얼 M. 커즈너)

≪자유주의와 연고주: 대항하는 두 정치 경제 체제≫ (랜들 G. 홀콤)

≪오스트리아학파 경제학 입문』(에이먼 버틀러)

≪대도시 지역의 공공경제≫ (로버트 L. 비시)

≪자유 사회의 기초≫ (에이먼 버틀러)

≪초보자를 위한 자유의 길잡이≫ (리처드 웰링스 편)

≪기업가 정신과 경제적 진보≫ (랜들 G. 홀콤)

≪고전적 자유주의 입문≫ (에이먼 버틀러)

≪축약된 국부론≫ (에이먼 버틀러)

≪자유 101≫ (매드센 피리)

≪공공 정책과 삶의 질: 시장 유인 대 정부 계획≫ (랜들 G. 홀콤)

≪번영의 생산: 시장 과정의 작동의 탐구≫ (랜들 G. 홀콤)

≪상식의 경제학: 모든 사람이 부와 번영에 관해 알아야 하는 것≫ (제임스 고트니, 리처드 스트룹, 드와이트 리, 토니 페라리니, 및 조지프 캘훈)

≪애덤 스미스 입문≫ (에이먼 버틀러)

≪공공선택론 고급 개론≫ (랜들 G. 홀콤)

≪아인 랜드 개론≫ (에이먼 버틀러)

≪시장의 재도입: 시장 자유주의의 정치적 부활≫ (존 L. 켈리)

≪자본주의 개론≫ (에이먼 버틀러)

≪정치적 자본주의: 경제 및 정치 권력이 어떻게 형성되고 유지되는가≫ (랜들 G. 홀콤)

≪학파: 101인의 위대한 자유주의 사상가≫ (에이먼 버틀러)